JE SUIS LE SPÉCIALISTE DE L'ÉTRANGE

JE SUIS LE SPÉCIALISTE DE L'ÉTRANGE

DAKOTA FRANDSEN

Droit d'auteur
© 2024 Dakota Frandsen
"Je suis le spécialiste de l'étrange"
Publié par Chauve et Bonkers Network LLC
Tous droits réservés. Aucune partie de cette publication ne peut être reproduite, distribuée ou transmise sous quelque forme ou par quelque moyen que ce soit, y compris la photocopie, l'enregistrement ou d'autres méthodes électroniques ou mécaniques, sans l'autorisation écrite préalable de l'éditeur, sauf dans le cas de brèves citations incorporées. dans des critiques critiques ou dans certaines autres utilisations non commerciales autorisées par la loi sur le droit d'auteur.

Cette publication peut utiliser des outils d'intelligence artificielle à des fins de traduction. Bien que tous les efforts aient été déployés pour garantir l'exactitude des traductions, l'éditeur ne peut garantir une précision totale et n'est pas responsable des erreurs résultant de la traduction assistée par l'IA.

Ce livre est dédié à mon Ange Starlight...
Ma lueur d'espoir, ma flamme éternelle, ma femme bien-aimée.

A toi, je promets mon destin, la muse de chacun de mes battements de cœur, l'éclat de mon âme, le feu perçant les ombres. Votre essence est un fantasme incarné, un rêve accordé à quelques privilégiés. Dans vos rêves, puissiez-vous sentir ma présence ; au réveil, puissiez-vous ressentir mes pensées. Tout au long de la nuit, je t'embrasse, imaginant les jours plus lumineux qui nous attendent. "Je t'aime" n'est qu'un humble hommage à la force que tu es dans ma vie, mais ces mots capturent à peine l'ampleur de mon adoration. Votre aura divine m'élève ; la douceur de ton baiser s'approfondit avec le temps, me liant toujours plus étroitement à toi. Chaque jour, je m'efforce de transmettre mon amour, et même si cela peut nécessiter un effort herculéen pour que vous perceviez votre propre splendeur comme je le fais, je pose les bases d'un héritage qui gravera notre histoire dans les annales de l'éternité, car mon

CONTENTS

Dévouement — v

Une lettre de l'auteur — 1

Avant d'être « Dakota » — 7

Première vie en tant que "Dakota" — 23

Grandir et viser — 41

Devenir l'homme — 69

Officiellement adulte — 93

Devenir le spécialiste de l'étrange — 153

C'était la guerre — 177

Révélations extraterrestres — 221

Réflexions du spécialiste — 299

Liens pour plus d'informations — 311

VIII –

À propos de l'auteur   313

Une lettre de l'auteur

CHER LECTEUR,

Je ne sais pas ce qui vous a poussé à choisir ce livre ni ce qui se passe dans votre vie en ce moment. Honnêtement, je me demande pourquoi je l'ai même publié. Il s'agissait de révéler certains des secrets les plus sombres que j'ai jamais gardés. C'était des choses que j'avais littéralement trop peur de partager jusqu'à présent. J'ai déjà essayé de partager ma propre histoire, par d'autres moyens : prendre ces lettres « Cher Kota » et en faire davantage. Je voulais revenir sur les jours qui ont façonné qui nous sommes, partager des journaux personnels et les résultats d'années de recherche.

Mais entre d'étranges problèmes techniques et ma propre réaction au stress de tout cela, j'ai tout perdu plus de fois que je ne pourrais compter.

Peut-être qu'un jour je ferai une version plus complète, si jamais j'arrive à trouver comment tout garder en un seul morceau.

Quelque chose – ou quelqu'un – a supprimé tout ce qu'ils pouvaient atteindre. Heureusement, j'avais des sauvegardes pour récupérer ce que je pouvais. Mais à peine m'étais-je assis pour raconter davantage mon étrange vie que quelque chose m'a entraîné dans une autre aventure. Certaines personnes pensent vraiment que le titre que je porte, "Spécialiste de l'étrange", est un peu une prétention que j'ai imaginée, mais il a en fait été inventé comme une blague incontrôlable d'un bon ami qui a dégénéré en quelque chose de beaucoup plus grand.

La vie se déroule de façon amusante, n'est-ce pas ?

Assez parlé de ça. Ce qui compte maintenant, c'est la raison pour laquelle vous tenez ce livre et ce dont je dois vous avertir avant de vous y plonger.

Je m'appelle Dakota Frandsen et ma vie a été remplie de choses que la plupart des gens qualifieraient de « surnaturelles ». Il y a de nombreux jours où j'aurais souhaité que ce ne soit pas le cas, des moments où j'ai souhaité pouvoir être « normal ». Là encore, quand je vois ce que la société appelle « normal » de nos jours, je préfère m'en tenir à l'inconnu. Ils m'appelaient le « Spécialiste de l'étrange » parce que faire face à des forces au-delà de ce monde était devenu pour moi une seconde peau. je fouraiscombattre des fantômes, chasser des monstres, combattre des dieux et même faire des rencontres assez sauvages avec des êtres d'autres mondes. Je sais que cela semble tiré par les cheveux, et je ne vous en veux pas si vous êtes sceptique. Honnêtement, même avec les preuves de certaines de ces expériences, je remets parfois en question ma propre santé mentale. C'est en partie pourquoi le nom de mon entreprise, "Bald and Bonkers", est resté, mais c'est une histoire pour un autre jour.

J'inclus cette note à titre d'avertissement. À part censurer quelques détails pour protéger la vie privée des gens, je ne cache rien.

Certains de ce que vous lirez pourraient vous briser le cœur, et d'autres pourraient hanter vos nuits comme les miennes. Mais si je veux vraiment comprendre les réalités du monde, ou comment ces événements ont fait de moi la personne que je suis aujourd'hui, je suis obligé de tout partager - le bon, le mauvais, la joie, la douleur, les rêves, et le cauchemar.

En passant au crible les souvenirs refoulés de cette vie et d'autres, beaucoup de choses sont ressorties – même pour lesquelles je n'étais pas prêt.

Cet avertissement semble peut-être dramatique, mais j'ai décidé de publier mes journaux tels qu'ils ont été rédigés, avec un minimum de modifications, sauf pour protéger la vie privée des autres. Ces disques sont bruts, non filtrés et écrits tels qu'ils me sont parvenus au moment même.

J'ai fait de mon mieux pour conserver les détails le plus précisément possible, mais l'esprit est une chose fragile. J'ai eu la chance de travailler avec des mentors qui m'ont aidé à voir à travers le brouillard et à comprendre ce que j'ai vécu. De nombreux noms d'espèces, de mondes et bien plus encore sont basés sur ce qu'ils m'ont appris, car j'ai toujours pensé que les termes génériques du Nouvel Âge ne rendaient pas justice à la réalité que j'ai vue.

Il ne s'agit pas de copier l'histoire de qui que ce soit. Ce sont mes expériences, même si certaines se chevauchent avec d'autres. Les gens m'ont surnommé le « vrai Dean Winchester » après avoir entendu certaines de mes aventures. D'autres ont essayé de me relier à des sociétés secrètes, probablement parce que j'ai eu la chance de travailler sur des projets majeurs dans les livres, les films, la télévision et même des expéditions scientifiques.

Il y a eu de nombreuses théories du complot prétendant que je suis quelqu'un d'autre – un autre personnage avec une histoire similaire – et me traitant de fraude. C'est ennuyeux, mais j'ai appris à y faire face.

Honnêtement, c'est en partie la raison pour laquelle j'aime vraiment travailler seul. Les connotations religieuses, l'ego et le drame ne sont qu'un tas de conneries que j'ai réussi à éliminer de ma vie. Ce qui s'est passé en 2024 m'a vraiment fait comprendre à quel point je m'étais éloigné de mon chemin. Mais il n'est jamais trop tard pour corriger le tir. Faites-moi confiance ou ne me croyez pas, c'est votre prérogative, mais voici mon histoire. J'espère que, dans une certaine mesure, vous y trouverez quelque chose d'utile. Laissez-moi vous prévenir à l'avance : ce voyage me relie à certains des événements les plus sombres de l'histoire. Le simple fait de mentionner certaines de ces choses a mis mes amis et ma famille en danger.

Considérez-vous averti... Mais au-delà de cela, j'espère que ces entrées vous aideront à comprendre comment fonctionne mon esprit. C'était solitaire; Je sais que d'autres ont leurs propres difficultés. Même si nos histoires peuvent être différentes, la clé pour y parvenir résidera dans des expériences partagées à travers lesquelles de nouvelles idées et solutions viendront de nos propres histoires. C'est peut-être pour cela que les pouvoirs en place nous maintiennent si divisés. Mais nous avons le pouvoir de prendre le contrôle. C'est rester assis, attendant que quelqu'un d'autre nous sauve, qui a laissé les corrompus prendre le pouvoir en premier lieu. Voici donc ma contribution.

Avec Amour,

Dakota Frandsen

Spécialiste du Étrange / Gigolo Intergalatique

PDG de Bald and Bonkers Network LLC

Avant d'être « Dakota »

DATES INDÉTERMINÉES - HEURE TERRESTRE ESTIMÉE 1920 – 1995

Localisation : Planète Taalihara

En tant qu'adolescent en transition vers l'âge adulte, j'ai été intronisé dans les forces militaires de Taalihara. Mon rang était bas, impliquant principalement des tâches de patrouille et des activités d'espionnage occasionnelles pour surveiller d'éventuelles factions rebelles. Les Taal Shiar, considérés comme des extraterrestres humanoïdes, auraient aidé le Troisième Reich pendant la Seconde Guerre mondiale. Au cours d'un briefing, il a été révélé que Maria Orsic avait reçu des documents par communications télépathiques sous de faux prétextes, conduisant à la création d'ovnis nazis présumés, d'armes sophistiquées et d'alliances secrètes forgées juste avant 1930. Dans les années 1940, nous nous sommes retirés dans ce que je crois être l'Antarctique avant de quitter la Terre et de retourner dans notre monde natal.

Mon passage avec les nazis a déclenché un sentiment de doute quant à la mission et à la poursuite du pouvoir. J'étais chargé de surveiller les humains et potentiellement d'infiltrer les services de sécurité d'Adolf Hitler. J'ai tué des hommes, des femmes et des enfants, justifiant ces actes comme des conséquences de la guerre. Je considérais les humains comme faibles, inférieurs et faciles à manipuler. Malgré mes doutes, je croyais servir une bonne cause.

Une nuit, de retour sur Taalihara, j'ai vu un Draconien, probablement un royal Ciakharr, coincer trois enfants avec l'intention de les tuer. J'ai ouvert le feu avec un fusil à plasma, blessant probablement la créature mais sans l'arrêter. J'ai crié aux enfants de courir, les dirigeant vers un point de fuite à proximité.d : un engin métallique élégant capable de transporter dix personnes plus des fournitures.

Alors que nous montions à bord de la capsule de sauvetage, le Draconien nous a poursuivis, tentant de mordre les enfants. J'ai riposté avec le fusil, faisant peu de progrès. Les cris des enfants m'ont fait comprendre que je devais tuer le Draconien pour assurer notre fuite. La créature frappa du poing l'engin, secouant tout et tout le monde. J'ai crié pour contourner les protocoles de sécurité empêchant le décollage en raison d'une obstruction. Attrapant les cornes de la créature, je lui ai tordu le cou, visant ce que je croyais être un point faible. L'engin a décollé avec la créature coincée dans la porte. Alors que son cou craquait, les yeux du Draconien passèrent d'un reptile déchaîné à une expression humaine, me remerciant apparemment d'avoir mis fin à sa vie.

J'ai envoyé un appel de détresse à la Fédération, craignant des représailles et doutant de son acceptation en raison de mon affiliation au Taal Shiar (Groupe Pléiadien Renégat). Une femme a répondu et m'a dirigé vers un avant-poste pour intercepter les enfants et les mettre en sécurité. Elle m'a proposé un refuge, que j'ai accepté avec hésitation, demandant du temps pour retourner à Taalihara pour sauver ma famille. La femme a compris, m'avertissant que la nouvelle de mes agissements malhonnêtes se répandait.

Je suis rentré chez moi et j'ai trouvé un mélange de panique et de confrontation. Certains membres de ma famille m'ont cru, tandis que d'autres ont suivi le récit officiel. Ma mère, leader de l'opposition, m'a accusé de mettre la famille en danger en sauvant les enfants. Ma sœur était visiblement déchirée et mon père a fini par calmer tout le monde, reconnaissant mon choix difficile. Il m'a exhorté à partir pour la sécurité de tous. Son regard m'a brisé le cœur, mais il semblait que lui et moi avions la relation la plus étroite parmi tous les autres ; un lien qui serait entretenu dans une autre vie... si je comprends comment tout s'est déroulé.

Avant de pouvoir m'échapper correctement, j'ai été intercepté et assommé. Quand je me suis réveillé, je me suis retrouvé attaché à une table et mon torse a été ouvert de la base de mon cou jusqu'au-dessus de mon entrejambe. Un scientifique draconien enfonçant ses mains écaillées dans mes tripes, réalisa que j'étais réveillé. Son langage était similaire à celui des grands iguanes et aux reconstitutions d'un cri de tyrannosaure. Le ton et la mélodie me picotent dans la colonne vertébrale rien que d'y penser. Une fois que l'être s'est rendu compte que j'étais éveillé, il a pris un grand plaisir à me torturer ; serrant mes poumons avec ses griffes pour que je ne puisse pas crier de douleur. Mon état était bien trop compromis pour qu'un système interne puisse fonctionner correctement, mais je pouvais dire que mon ravisseur chantait alors qu'il s'enfonçait dans ma chair.

Je n'ai été relâché que lorsque le bruit d'une explosion lointaine a retenti dans l'établissement. Les réverbérations sonores m'ont indiqué que le bâtiment était en métal, peut-être dans un environnement tropical quelque part. J'ai vu mon bourreau regarder dans la direction de l'explosion, en colère d'avoir été dérangé, et se détourner. Cela m'a simplement laissé là, ouvert comme un animal dans une boucherie, tenant à peine la vie. Je pouvais entendre une voix, peut-être une sorte de transmission radio, me murmurant de tenir le coup alors que les secours arrivaient. Je pouvais entendre l'agitation, ma vision se brouillait alors que je tenais le coup aussi longtemps que je le pouvais, mais à la seconde où j'ai vu un homme avec un uniforme bleu clair m'a trouvé, j'ai su que j'étais sauvé. Je n'ai pas pu m'empêcher de lâcher prise sur le moment, j'étais juste heureux de voir quelqu'un d'humain.

De retour à l'avant-poste de la Fédération, j'ai eu le temps de gérer l'épreuve. Mes tâches alternaient entre médecin/scientifique de terrain et espionnage, grâce à ma formation Taal Shiar. J'ai également participé au programme Starseed, qui fait partie des efforts d'envoyé de la Fédération.

DATES INDÉTERMINÉES

Localisation : Avant-postes de la Fédération Galactique des Mondes

Au cours de mon mandat au sein de la Fédération, j'ai épousé une femme T'Ashkeru nommée Iveena, originaire de Nyan, une planète proche de Sirius B. Elle a quitté sa maison pour rejoindre la Fédération Galactique des Mondes (GFW) en raison de l'influence croissante des Nebu. . Nous avons rapidement tissé des liens grâce à nos antécédents communs et découvert que nos familles se connaissaient probablement grâce à des activités liées au travail.

Iveena était plus grande que la plupart des femmes de son monde, mesurant près de six pieds. Elle avait de longs cheveux blonds, des pommettes saillantes et un menton pointu. Ses cheveux blonds et ses yeux bleus hypnotiques la faisaient presque ressembler à une grande femme asiatique. Certains aspects la faisaient ressembler à un personnage de manga japonais.

Nous nous sommes tous deux enrôlés dans le programme des envoyés, partageant parfois les déploiements et parfois alternant les tâches. J'ai fréquemment vérifié Iveena lors de son déploiement d'envoyée sur Terre pour m'assurer qu'elle allait bien et qu'elle était bien traitée. Je me souviens de lui avoir tendu la main dans des moments de détresse, honorant notre promesse de toujours veiller les uns sur les autres.

Un incident important a motivé ma vigilance. Lors d'une expédition scientifique, l'installation où Iveena et moi travaillions a été prise en embuscade par des êtres amphibies, peut-être des expériences hybrides Ciakharr. J'étais dans une autre partie de l'établissement lorsque l'attaque a eu lieu. Même si j'ai réussi à me mettre en sécurité, Iveena a été blessée et son abdomen a été tranché.stylo. Miraculeusement, la créature n'a pas fait de mal à notre enfant à naître. Nous essayions de fonder une famille et avons failli perdre notre fille aînée. De retour au vaisseau mère, j'ai appris la blessure d'Iveena. Un collègue m'a informé qu'ils l'avaient sauvée, elle et le bébé, mais que je devais la rejoindre immédiatement.

En apprenant la nouvelle, je me suis précipité à ses côtés, manquant presque de briser les portes et de briser les panneaux d'accès dans ma hâte. Iveena était la raison pour laquelle je me suis enrôlé ; J'étais tombé amoureux d'elle, peut-être l'avais-je connue dans des vies antérieures. Nous étions si près de fonder une famille et l'idée de tout perdre était insupportable. Lorsque je l'ai retrouvée, elle sortait d'un module médical qui lui avait rétabli sa condition physique. Je me suis dépêché, je l'ai serrée dans mes bras et je me suis excusé de ne pas être là. Même si elle lui rendit son étreinte, sa poigne était faible – quelque chose n'allait toujours pas.

Iveena a posé des questions sur le bébé et je lui ai assuré que notre fille avait été sauvée et transférée dans une unité d'incubation pour un bon développement. Même si la technologie médicale avait guéri ses blessures physiques sans laisser de cicatrices, les conséquences mentales dépassaient les capacités de n'importe quelle machine. Iveena s'est sentie abandonnée pendant cette période de besoin pour elle et pour le bébé. Un ami proche avait assuré sa sécurité et nous avait soutenus, mais le seul véritable soulagement pour elle était le prochain déploiement d'un envoyé. Elle avait besoin de temps loin de la guerre et de nous pour réfléchir. Malgré le chagrin, j'ai dû la laisser partir, me laissant élever notre fille avec le système scolaire de GFW jusqu'à ce qu'Iveena revienne et que je parte pour mon propre déploiement.

Les complexités du voyage dans le temps rendent difficile l'établissement de cette chronologie.

HEURE TERRESTRE ESTIMÉE : ENTRE LA FIN DES ANNÉES 1980 ET LE DÉBUT DES ANNÉES 1990

Lieux : Fédération Galactique - (Peut-être) L'Excelsior - Le Dernier Sauvetage

Je me souviens d'une dernière mission de sauvetage avant mon dernier déploiement d'envoyé. Notre équipe s'est rapidement rassemblée sur un petit vaisseau qui s'est dissimulé alors que nous descendions d'un vaisseau mère en orbite terrestre.

Nous avons volé rapidement vers une zone au sud des Grands Lacs, probablement l'Indiana. Notre navire planait au-dessus d'une maison blanche de style colonial. Moi et un autre agent masculin avons débarqué, masqués et indétectables par les systèmes radar.

La maison mesurait deux étages et le décor suggérait que la mission avait eu lieu entre la fin des années 80 et le début des années 90. Deux grands Gris en sortirent, portant un petit enfant – une fille de trois ans à peine, aux cheveux bruns et vêtue d'une robe de pyjama rouge vif, peut-être un cadeau de Noël. One Gray passa son doigt sur le corps de la jeune fille, même sous ses vêtements. J'étais prêt à intervenir, mais la main de mon collègue sur mon épaule m'a rappelé de rester calme.

Notre technologie de camouflage répondait à nos intentions, et perdre le contrôle aurait pu compromettre la mission. Même si nous étions bien formés, nos problèmes individuels affectaient parfois nos états émotionnels. Il était crucial de se contrôler mutuellement pendant les opérations pour garantir le succès. Rien ne nous a plus mis en colère que de voir un enfant innocent blessé.

Nous ne pouvions pas attaquer les Gris dans la rue sans attirer trop d'attention et violer la juridiction. Notre mission était de retrouver leur navire, d'accéder à leurs dossiers et de sauver davantage d'enfants.

Les Gris ont révélé leur vaisseau, nous permettant de marquer sa signature et de le suivre alors qu'il quittait la Terre. En dehors de l'atmosphère de la planète, nous avons tendu une embuscade à leur vaisseau, tuant presque les Gris au passage. Nous avons sauvé la fille et recalibré son implant sur nos canaux. Elle faisait partie du programme d'envoyés, ciblé par les Gris à des fins d'expérimentation, visant à corrompre les graines d'étoiles de l'intérieur – une stratégie de cheval de Troie.

Nous avons emmené l'enfant faire une balade pour la calmer avant d'effacer sa mémoire et de la ramener chez elle. En réfléchissant à la mission à bord de l'Excelsior, j'ai été approché par - censuré - un grand homme blond aux traits nordiques, que je considérais à la fois comme un frère d'armes et un leader. Ahel Pléiadien, l'un des nombreux groupes envers lesquels les Taal Shiar avaient presque des préjugés. En dehors de son service, il était décontracté et attentionné, avec un talent pour le chant. Il rendait fréquemment visite à une jeune fille terrienne, une envoyée se préparant à une grande révélation. Elle était à lui comme sa sœur, -censurée-, et sa motivation.

-censuré- m'a demandé mon avis. J'ai exprimé mon inquiétude pour la jeune fille que nous avions sauvée. -censuré- m'a rassuré, en riant, que je la reverrais. Il a placé trois doigts en triangle contre mon front, se préparant à supprimer mes souvenirs d'implication galactique pour la transition des envoyés. J'ai compris le processus, mais j'ai insisté pour me souvenir de l'enfant et des autres que nous avions sauvés, car c'était la raison pour laquelle je rejoignais la Fédération. -censuré- a souri et a dit : « Souviens-toi juste de l'orignal » avant de faire un clin d'œil.

HEURE TERRESTRE ESTIMÉE : QUELQUE PART AVANT 1996

Localisation : Fédération Galactique - Programme Envoyé Stasis Bay

Il y a eu des conversations, plus précisément des briefings, détaillant le prochain déploiement d'un envoyé. Ma femme était présente, à la fois comme soutien émotionnel et pour m'aider à régler les détails de dernière minute. Nous avons eu une période de transition pour l'aider à se réadapter aux intergalactiques.c la vie et pour moi de régler tous les détails. Pendant la majeure partie de la séance, je me sentais seulement à moitié écouté, préoccupé par les pensées de ma femme et par nos discussions sur la création d'une famille.

Un autre individu, ressemblant à un recruteur militaire, était également présent. Il avait la peau plus foncée, des cheveux presque noirs et portait un uniforme gris foncé. Il avait l'air humain, avec un visage maigre et quelque peu allongé. Son rôle était de répondre à toutes mes préoccupations concernant la mission d'envoyé.

Les principaux points discutés comprenaient :

- Le corps dans lequel je devais habiter avait une forte prédisposition à ce que les humains appellent des « capacités psychiques », attribuées à une lignée prédominante.

- Ces « capacités » seraient initialement activées par un traumatisme, puis se produiraient à des moments aléatoires.

- L'un des objectifs de ma mission était de comprendre comment les gens pouvaient tomber si facilement sous un régime abusif et tyrannique.

- Un autre objectif était de servir de « guerrier » sur Terre, sans toutefois être enrôlé dans un organisme militaire ou gouvernemental à titre officiel.

- Compte tenu de notre envie de fonder une famille, le timing des opérations sur Terre nous a semblé favorable.

- De nombreuses civilisations humanoïdes encourageaient les relations interplanétaires, une pratique courante destinée à promouvoir la coopération diplomatique et à aider les générations futures à s'épanouir dans leur environnement.

- Le timing faisait référence à l'entrée de la Terre dans ses premières étapes de transformation en société interplanétaire, la transition des voyages spatiaux étant réservés aux élites et à ceux pris dans des opérations de trafic.

- Les premières étapes de la grande introduction, lorsque les extraterrestres les plus humains seraient autorisés à se montrer publiquement, auraient été fixées à 2025.

- Mon nouveau corps serait surveillé de près par le GFW et probablement par les Gris associés au Ciakharr.

- D'autres membres de la famille du côté paternel de mon corps terrestre avaient signalé d'éventuels enlèvements par des Gris, probablement à des fins d'hybridation.

- Des personnes de mon côté maternel avaient partagé des détails sur des observations d'OVNI, éventuellement liées à des bases militaires voisines.

Une fois les contrats nécessaires signés, j'ai eu une brève période pour faire mes adieux. Ma femme et le recruteur étaient présents lorsque j'ai été emmené dans un module de stase blanc métallique. Le module avait des affichages sur le côté, susceptibles de surveiller mes signes vitaux, et une ouverture en verre. Alors que mon corps était connecté à la machine et qu'un appareil respiratoire était attaché à mon visage, je me souviens avoir lentement dérivé vers l'inconscience alors qu'un liquide bleu froid remplissait la capsule. J'ai vu les larmes de ma femme et j'ai ressenti la douleur dans son cœur. J'ai commencé à pleurer aussi, mais mes larmes ont rapidement fusionné avec le gel qui m'entourait. La dernière chose dont je me souviens, c'est d'avoir dit «Je t'aime», alors que je posais ma main contre la vitre. Ma femme a pressé sa main contre la vitre, l'alignant avec la mienne, alors que je m'évanouissais.

Première vie en tant que "Dakota"

DATE(S) : 18 ET 19 JANVIER 1996

Lieu : Terre – Twin Falls, Idaho – Centre médical régional de Magic Valley

Peu de temps après avoir perdu connaissance, j'ai ressenti un flash rapide de diverses images et événements, comme si je recevais un téléchargement de souvenirs d'innombrables vies joués à une vitesse ultra-rapide. Ces souvenirs ne ressemblaient pas à des expériences personnelles mais plutôt à des réceptions. Certains événements semblaient provenir du futur.

Les souvenirs les plus récents étaient plus faciles à identifier grâce à d'anciennes photos de famille, y compris les dates auxquelles mes parents et mes grands-parents étaient allés, et d'éventuels antécédents de maltraitance évoqués dans des conversations sur des membres de la famille séparés.

Les souvenirs plus anciens sont plus spéculatifs. Celles-ci comprenaient un éventuel sacrifice d'enfant, rassemblé par des soldats allemands et une expérimentation potentielle par Greys.

Le « téléchargement » (faute d'un meilleur mot) s'est terminé par un éclair lumineux, signifiant probablement ma naissance. Je me souviens de brefs extraits de la salle d'accouchement avec des carreaux bleu pâle et une lumière aveuglante. Je suis née le 19 janvier 1996 vers 17 h 30, heure des Rocheuses, par césarienne d'urgence en raison d'une hémorragie post-partum. J'étais le premier enfant de ma mère, né à 12 livres 4 onces, tenant déjà la tête haute. Mis à part une légère pneumonie, j'étais un enfant en bonne santé, juste plus gros que prévu.

DATE : NOVEMBRE 1997 (ESTIMATION)

Localisation : Terre - États-Unis - Idaho
Mon premier épisode "psychique"

C'est une histoire dont je n'ai que des fragments, mais c'est une histoire que mes tantes (les sœurs de mon père) racontent fréquemment. Mes parents n'ont jamais été mariés, j'ai donc eu une garde partagée. Alors que je restais avec mon père et ma belle-mère, je me suis approché de ma belle-mère, j'ai placé ma main sur son ventre et je lui ai dit : « Ma petite sœur est ici.

Le lendemain, ma belle-mère est allée chez le médecin parce qu'elle ne se sentait pas bien. Un test de grossesse a confirmé qu'elle était positive. Ma sœur -censurée-est née le 20 juin 1998.

Pour référence ultérieure, ma capacité à fournir une « échographie psychique » est devenue un moyen de « tester » mes capacités. J'ai sept sœurs (six partageant le même père) et deux frères (tous deux partageant le même père). Tous sont demi-frères et sœurs. Je suis aussi le plus âgé. Y compris les demi-frères et sœurs de mes demi-frères et sœurs, mes demi-frères et sœurs, etc., le nombre-Nous en avons presque 50.

Il convient de noter que parmi mes frères et sœurs, je suis le seul à avoir une longue histoire autour du surnaturel. Alors que d'autres ont eu des expériences, impliquant principalement des esprits potentiels, aucun ne m'a révélé s'ils avaient eux aussi eu des rencontres extraterrestres potentielles.

AVRIL 1999

Lieu : Aurore, Colorado

Ma famille avait décidé de faire un road trip au Colorado pour rendre visite à mon oncle et à sa femme. En grandissant, mes oncles (les frères de ma mère) étaient souvent comme mes propres frères et sœurs aînés, et celui-ci était celui qui m'a appris ce que je sais sur les ordinateurs. Durant notre séjour, il y a eu une seule journée de stress tendu... comme si quelque chose d'important se passait. Je me souvenais d'avoir vu des voitures de police passer devant le complexe d'appartements où vivait mon oncle et j'étais naturellement curieux de savoir ce qui se passait. C'est à ce moment-là que j'ai commencé à me voir voler dans les airs pour suivre les voitures et à entendre de fortes détonations venant de l'intérieur du grand bâtiment. Je me suis approché, mais quelque chose m'a ramené dans mon corps.

À l'âge de trois ans, j'ai eu ma première expérience de visualisation à distance. Cela m'est venu si naturellement que je n'ai pas eu besoin de le forcer. Mais l'incident qui a déclenché cette séquence d'événements était quelque chose dont aucun enfant ne devrait avoir à être témoin... le massacre de Columbine. Je ne comprendrais pas que c'est en fait ce dont j'ai été témoin pendant des années... ce n'est pas comme s'il y avait quelqu'un que je pouvais vraiment consulter sur la façon de traiter un événement pour lequel je n'étais même pas techniquement présent.

DATE : NOVEMBRE 1999, ESTIMATION (SELON LES ARCHIVES JUDICIAIRES)

Localisation : Terre – États-Unis – Idaho

À l'âge de trois ans, ma belle-mère a tenté de résoudre les conflits de garde entre ma mère et mon père en me poignardant dans la nuque avec un stylo à bille.

Mon père était possessif et lui, ainsi que d'autres membres de la famille, dénonçait fréquemment ma mère pour suspicion d'abus.

Toutes les allégations étaient infondées. Les tentatives de ma mère pour dénoncer mon père ont été largement ignorées, du moins d'après ce qu'on m'a dit, même si la fiabilité de cette source est discutable. La garde était partagée.

Une nuit, alors qu'il séjournait chez mon père, il allait bientôt quitter son travail. Ma sœur cadette, -censurée-, et moi étions dans le salon en train de regarder la télévision. Ma belle-mère a pris -censuré-, probablement pour la préparer à aller au lit. Quelques instants plus tard, j'ai ressenti une vive douleur dans la nuque.

J'ai brièvement eu la vision d'un vide sombre, faiblement éclairé par une source de lumière rouge orangé. Un être grand et menaçant à la peau grise et rugueuse et aux yeux reptiliens est apparu. À l'époque, pour mon âge, je ressemblais à une sorte d'« homme-dragon ». Il s'est agenouillé et m'a parlé sans bouger les lèvres. La couleur de sa peau pourrait avoir été altérée à cause des flammes. Sa voix était grave et rauque, presque grogneuse. Il affirmait que le monde était corrompu et que des gens comme mon père et ma belle-mère ne devraient pas être autorisés à continuer de faire du mal aux autres. Il m'a proposé de m'aider à riposter, voire à les tuer, si je travaillais avec lui.

La tentation était forte, mais une autre voix, plus humaine et bienveillante, intervint, paniquée. Sans hésitation, j'ai su lui faire confiance alors qu'il criait : « Dakota, ne l'écoute pas. Combattez.

J'ai poussé un cri de guerre, matérialisant d'une manière ou d'une autre un gourdin dans mes mains, et j'ai frappé le grand être orange sur la tête. Surpris et enragé, l'être était sur le point de riposter lorsque j'ai été transporté dans un éclair aveuglant. J'ai aperçu les bras d'une grande silhouette grise avec des ailes faites d'énergie plutôt que de chair et de plumes.

Je suis retourné dans la chambre verrouillée. La voix bienveillante murmura : « Restez forts, nous veillons toujours sur vous. »

La prochaine chose dont je me souviens, c'est que les policiers m'ont escorté dehors. J'ai essayé de leur expliquer que je ne faisais que me défendre, mais ils n'arrivaient pas à croire qu'un enfant de trois ans puisse faire une chose pareille. Ils ont ignoré tout ce que ma mère et moi disions. C'est ma grand-mère, la mère de ma mère, qui m'a montré la marque de stylo sur ma nuque.

DATES : 2000 - 2003 ESTIMÉ

Localisation : Terre – États-Unis – Idaho

Il y avait plusieurs nuits où je « rêvais » d'être à bord d'un vaisseau spatial, de voir des ovnis dans le ciel et de parler avec des gens étranges vêtus d'uniformes étranges de différentes couleurs. Beaucoup d'entre eux étaient des humanoïdes ; bien qu'il y en ait d'autres qui ressemblaient à la mante, à Egaroth et à bien d'autres.

DATE : AOÛT 2000 ESTIMÉ

Localisations : Terre – États-Unis – Idaho

Quand j'avais cinq ans, ma mère a commencé à montrer des signes de grossesse. Elle épousa bientôt mon beau-père -censuré-. J'ai encore une fois prédit que cette enfant serait une fille qui deviendrait ma sœur cadette -censurée-. -censurée- et ma mère allait divorcer le 10 septembre 2001. Le mariage n'a duré qu'environ trois mois.

DATE : 10 SEPTEMBRE 2001

Le divorce de ma mère avec mon beau-père. Je note cela comme un « événement de référence » pour aider à maintenir l'exactitude de la chronologie. Étant donné que j'étais nul dans la tenue de registres et que je n'ai vraiment reconnu ces événements que plus tard dans la vie, l'écart évident fait que les détails sont obscurcis.

Mais la veille des attentats du 11 septembre-World Trade Center, le divorce de ma mère avec mon beau-père a été finalisé. Nous vivions avec mes grands-parents après qu'il nous ait expulsés, sans savoir que ma mère était enceinte de sa fille à ce moment-là.

DATE : 12 MARS 2002

Une sœur -censurée- est née

Date(s) : De l'été au début de l'automne 2002 (estimation)

Localisation : Terre - États-Unis - Idaho - Jerome → Vaisseaux spatiaux → Murtaugh

Un soir, chez ma mère à Jerome, Idaho, je me suis couché vers 18h00 ou 18h30. La date exacte n'est pas claire, mais l'événement reste inexplicablement étrange. Quand je me suis réveillé, il faisait noir et ma mère était couchée. De grands êtres gris, connus sous le nom de X5, m'entouraient. Je voulais crier à l'aide mais je ne pouvais pas bouger alors que l'un des êtres me jetait par-dessus son épaule. Alors qu'on me faisait sortir de la pièce, j'ai vu deux autres gris surveiller ma mère, qui semblait somnambule. J'ai essayé de l'appeler, mais aucun son ne s'en échappait. Elle a dû entendre mes premiers cris car la pièce était éclairée par une lumière bleue inquiétante, accompagnée d'un bourdonnement électronique. Elle a vu que j'étais emmené mais, d'un geste de la main de l'un des êtres, elle s'est rendormie. Je me souviens avoir lévité à travers le toit, essayant toujours de crier à l'aide.

L'engin à bord duquel j'ai été emmené semblait argenté, mais semblait se fondre dans le ciel nocturne, probablement une mesure de camouflage. J'ai vu ma maison rétrécir à mesure que nous montions. Une force m'a plongé dans un état d'inconscience alors que j'étais déshabillé et posé sur une table avec divers instruments préparés pour être utilisés. Je me suis dissocié, sachant que j'étais en danger mais croyant que personne ne pouvait me sauver. J'ai vu des hologrammes d'autres Gris, d'apparence plus sinistre. J'ai appris plus tard qu'il s'agissait de Maytra, une race considérée comme des parasites hostiles par le reste de la galaxie. Le Maytra semblait communiquer des ordres au X5, mais leurs transmissions furent interrompues lorsque quelque chose percuta le navire. Alors que les êtres commençaient à utiliser leurs outils, le vaisseau fut pris dans une embuscade tendue par un groupe de trois individus en combinaison de protection.

Le navire a basculé et les gris ont crié de panique. Au milieu du chaos, j'ai été rapidement récupéré et emmené vers le navire de mes sauveteurs. Une grande femme blonde est restée près de moi pendant cette épreuve. Ses cheveux étaient blond doré, ses yeux d'un bleu étincelant et elle portait un uniforme vert bleuâtre moulant. Elle m'a rappelé le personnage d'anime Sailor Moon, même si je ne me suis familiarisé avec la série que plus tard.

J'ai demandé à la femme qui elle était et pourquoi elle me paraissait familière. Sa voix était apaisante et il y avait une douce lueur dans ses yeux. Avec un sourire, elle m'a dit que nous étions de très bons amis depuis longtemps. Elle semblait connaître toutes les questions qui me traversaient l'esprit sans que je dise quoi que ce soit. Elle a attrapé mes vêtements et m'a conduit à une table, me demandant de m'allonger pour qu'elle puisse vérifier si j'étais blessé. Bien que ce soit notre première rencontre, je lui ai fait entièrement confiance.

Les métaux du navire avaient une teinte bleue, reflétant la vue à l'extérieur de la fenêtre avant. Une chaise métallique s'est élevée du sol et la femme m'a encouragé à m'y asseoir. Le métal s'est formé sur mon corps, me chatouillant. Je me suis assis derrière deux autres chaises, toutes trois formant un triangle, me permettant de voir la Terre à travers la fenêtre avant. Immédiatement hypnotisé, j'ai remarqué un homme grand et musclé aux cheveux blonds, vêtu d'un uniforme bleu foncé, assis sur l'un des sièges, semblant être aux commandes.

J'ai demandé à l'homme et à la femme leurs noms. L'homme rit et sourit. La femme, les yeux pétillants, dit sans bouger les lèvres : "Je m'appelle Olivia."

Olivia a expliqué que nous nous connaissions depuis longtemps et que nous étions membres d'un groupe protégeant les gens des créatures nuisibles. La réalité de la situation m'a frappé : ceux qui m'ont emmené étaient des extraterrestres. Alors que mon cœur battait à tout rompre, Olivia fredonnait une mélodie apaisante. L'homme m'a expliqué qu'aucun de nous n'était originaire de la Terre et que je faisais partie d'un projet visant à sauver les gens de monstres comme ceux qui m'ont emmené. Une partie de moi était excitée à l'idée d'un groupe comme les X-Men. Les deux semblaient comprendre la référence en scrutant mon esprit.

Ils m'ont gentiment emmené faire une balade dans l'espace, me montrant des gros plans de la Lune, de Mars et de Jupiter. Après quelques heures, l'homme a dit qu'il était temps de rentrer chez lui. Ils m'ont expliqué qu'ils devaient me faire oublier la rencontre pour assurer ma sécurité. J'étais bouleversé, je ne voulais pas oublier mes sauveteurs ni ce que j'avais vu. Olivia m'a assuré qu'ils reviendraient quand je serais plus âgé et qu'ils auraient besoin de mon aide. Elle a dit doucement : « Nous veillons toujours sur vous », avant de me faire un câlin et de me demander si j'avais d'autres questions.

J'ai demandé à être emmené chez mes grands-parents, me sentant plus en sécurité là-bas. Au début, ils ont hésité, expliquant que ce n'était pas la faute de ma mère. Mais j'étais têtu et Olivia a convaincu l'équipage de me déposer chez mes grands-parents, en m'assurant que je serais ramené à la maison.

Je me souviens avoir été porté par Olivia, traversant la fenêtre non ouverte qui menait à ma chambre. Alors qu'elle m'aidait à me coucher, elle a placé trois doigts contre mon front pour aider à embrouiller mon cerveau, afin de cacher les détails les plus extravagants de mes aventures de cette nuit-là.Qu'elle m'ait intentionnellement donné une dose plus faible, qu'elle l'ait fait par accident ou que quelque chose dans mon esprit m'ait aidé à accéder à certaines parties de ces souvenirs ; Je ne suis pas sûr. Même avec le brouillard cérébral, je me souvenais d'avoir été emmené, par l'équipage qui m'avait sauvé. La chose la plus importante dont je me souviens, ce sont les yeux d'Olivia.

Le lendemain matin, je me suis réveillé sans savoir comment j'étais arrivé là. Mes grands-parents ne savaient pas que j'étais là. Quelques minutes après mon réveil, ma mère m'a appelé en criant parce qu'elle ne parvenait pas à me trouver. Elle a immédiatement soupçonné mon père, un scénario improbable puisque j'étais chez ses parents, à trente kilomètres de l'endroit où je me couchais.

DATE : 19 AOÛT 2002

Rapport d'incident NUFORC - Connexion possible

Terre - États-Unis - Idaho - près de Twin Falls

Observation d'OVNI près de Twin Falls - 2002

Date : août 2002

Heure : environ 23 heures.

Emplacement : Près de Twin Falls, Idaho

Lumières sur l'objet : Oui

En août 2002, mon mari et moi avons entrepris la première étape de notre voyage de noces en voiture, au départ de Seattle dans la matinée. Vers 23 heures, nous décidons de trouver un motel à Twin Falls, dans l'Idaho.

Alors que nous approchions de Twin Falls, nous avons vu des panneaux routiers indiquant que la ville n'était qu'à quelques kilomètres de là. Malgré cela, nous avons raté la sortie et avons continué à rouler sur une distance considérable avant de nous rendre compte de notre erreur. Nous avons fait demi-tour et sommes repartis.

Devant nous, nous avons d'abord cru apercevoir un avion au loin, mais son schéma de vol et sa vitesse nous semblaient inhabituels. À mesure que la lumière approchait, nous pouvions voir le dessous de l'objet et nous l'avons tous deux immédiatement reconnu comme un OVNI. Les lumières du dessous tournaient.

L'objet ne s'est jamais approché suffisamment pour que nous puissions en discerner la forme. Nous nous sommes garés sur le bord de la route et avons observé l'objet se déplacer dans le ciel, pour finalement disparaître derrière des montagnes. Nous avons ensuite repris notre route vers Twin Falls.

En arrivant à destination, nous avons confirmé que nous avions effectivement raté Twin Falls et deux panneaux de sortie. Nous n'avons pas suivi l'heure de près, nous ne pouvons donc pas confirmer s'il manquait du temps. Cependant, comment deux personnes attentives pourraient ignorer deux panneaux de sortie reste un mystère.

REMARQUE : Ce rapport correspondant a été extrait du site Web du NUFORC et ne constitue en aucun cas une revendication de propriété. Les seules modifications apportées concernaient l'orthographe et la grammaire. J'ai choisi de l'inclure car le moment et le lieu me portent à croire que cela est lié à un enlèvement probable que j'ai vécu quand j'étais enfant. Si, par hasard, le couple du rapport voit cela, veuillez nous contacter si vous le pouvez.

Grandir et viser

AVRIL 2004

Terre - États-Unis - Idaho - Murtaugh School → Boise

Sortie scolaire dans la capitale de l'État, Boise. J'ai eu un incident au pénitencier d'Old Idaho où j'ai vu une apparition pendue dans le couloir de la mort. Personne ne m'a cru, principalement à cause de ma faute, car je passais la plupart de mon temps à essayer d'effrayer les filles de ma classe.

Alors que notre groupe faisait le tour de la prison, nous sommes montés au deuxième étage de la salle d'exécution où était exposé le nœud coulant. Alors que le groupe commençait à partir, un homme attaché aux poignets et aux jambes se dirigeait vers le nœud coulant. J'ai regardé la corde être attachée autour de son cou et le sol s'ouvrir sous lui. Le problème était que la corde n'était pas correctement attachée afin de briser le cou de l'homme. Il est resté là, suffoquant.

J'ai essayé de raconter mon histoire, mais personne ne m'a cru pour les raisons évoquées plus tôt. Cependant, quelques années plus tard, lorsque les Ghost Adventures sont arrivés en ville pour leur première saison, ils ont capturé une apparition fantôme dans le couloir de la mort, identifiant l'homme comme étant Raymond Snowden. Snowden est souvent surnommé « le Jack l'Éventreur de l'Idaho », condamné à la prison après avoir violemment poignardé une femme qui résistait à ses avances. Il a affirmé avoir tué trois autres femmes, mais cela n'a jamais été prouvé. Snowden était l'homme que j'ai vu.

PRINTEMPS 2004

Terre - États-Unis - Idaho - Murtaugh → Twin Falls

J'ai dû me faire enlever les amygdales et les végétations adénoïdes à l'âge de neuf ans. Pour une raison quelconque, les échantillons de sang disparaissaient ou étaient « regroupés après le prélèvement », ce qui nécessitait d'effectuer d'autres prises de sang. Lorsque je devais être emmené dans un établissement pour parents à Boise plus tard dans ma vie pour des incidents médicaux distincts, les médecins se demandaient pourquoi cela serait fait en premier lieu.

L'hôpital de Twin Falls n'a pas la meilleure réputation, l'établissement a dissimulé un certain nombre de procès. La plupart des procédures judiciaires sont traitées par l'établissement mère de Boise en raison du nombre de poursuites pour faute professionnelle qui continuent de s'accumuler et d'être cachées.

PLUSIEURS OCCASIONS, 2005-2006 :

Mon père essaie soudain de prendre contact, alors qu'il était expédié en Irak. Peu de temps après les attentats du 11 septembre, mon père s'est enrôlé dans une branche locale de la Garde nationale. C'est l'un des rares instants où j'ai pu dire que j'étais fier qu'il soit mon père, et pendant un certain temps je l'ai été. J'étais naïf et je voulais une relation avec mon père malgré les incidents antérieurs. Le seul problème, c'est que j'étais toujours nerveux avec ma belle-mère, même si tout le monde pensait que je l'annonce a complètement bloqué l'incident du couteau. Comment pourrais-je le faire alors qu'à ce jour, ma mère, inconsciente, continue d'en parler dans des conversations avec des inconnus et de l'exprimer spécifiquement pour me faire passer pour un monstre ? Eh bien, je suppose...

Les conversations entre mon père et moi se déroulaient principalement en ligne via la messagerie instantanée tôt le matin. Comme -censurée- était en âge d'utiliser un ordinateur, il en était de même pour elle. Personne ne s'est jamais rendu compte que je faisais tout ce que je pouvais pour éviter ma belle-mère. Environ 6 mois après son retour de déploiement, ma sœur -censurée- est née... adulte.

Les visites avec mon père sont devenues plus fréquentes, mais une obscurité cachée semblait essayer d'attirer mon attention. Mes capacités ont commencé à apparaître, sachant que ma vie était potentiellement en danger, ce qui me mettait mal à l'aise en présence de mon père et de ma belle-mère. J'avais constamment le sentiment que je devais être en état d'alerte, au cas où je devrais m'enfuir.

J'aurais dû rester à l'écart, mais mon attention revenait sans cesse sur eux à mesure que d'autres frères et sœurs naissaient dans les années qui suivirent. Mes frères -censurés- sont nés, après que ma belle-mère ait fait une fausse couche. C'est également à peu près à cette époque qu'elle avait commencé à prendre des pilules, qui se sont révélées plus tard être acides. Au fil du temps, j'ai remarqué que les abus semblaient se concentrer sur Addison, allant jusqu'à ce que mon père la traîne dans une chambre et soit suivi d'une série de cris. Ma belle-mère n'a rien fait pour l'arrêter. C'est après cela que je n'ai voulu plus rien avoir à faire avec mon père à moins que des témoins ne soient présents. Un lieu public, seulement les enfants, ou chez mon grand-père étaient les conditions que je souhaitais... bien sûr, personne n'écoutait. Il convient de noter que ma belle-mère disait fréquemment à mes jeunes frères et sœurs de ne révéler à personne le « secret de famille » chaque fois qu'ils se rendaient à un grand rassemblement de personnes. Je ne l'ai pas compris à ce moment-là, ou si je le savais, je n'ai jamais reçu de réponse et j'oublierais vite l'affaire.

DÉCEMBRE 2005

Terre - États-Unis - Idaho - Murtaugh

D'autres rencontres surnaturelles ont lieu lors d'un terrible programme de Noël auquel j'ai été contraint (je n'ai jamais vraiment été intéressé par les activités scolaires). La plupart apparaissent sous la forme d'objets étranges apparaissant sur les photos de ma grand-mère. Avec la plupart des photos paranormales, des orbes se manifestaient, mais ils étaient très inhabituels. Contrairement à la plupart des orbes qui étaient des reflets d'eau et de poussière dans l'air, ceux-ci avaient des caractéristiques qui inciteraient les sceptiques inconditionnels à envisager la possibilité d'événements fantomatiques. Le premier était un orbe jaune vif, avec un visage déformé au milieu et des éclairs remplissant le « corps ». Le second était un orbe partiel vert avec des pieds ! Le troisième était l'ombre d'un de mes amis faisant face à la direction opposée au reste du groupe. Malheureusement, ces photos ont été perdues dans le temps malgré mes efforts pour tenter de retracer ce qui leur est arrivé.

ÉTÉ 2006 :

Terre – États-Unis - Idaho

Père démis de ses fonctions, peut-être déshonorant. Les abus sur les -censurés- s'aggravent. Je suis resté à l'écart cette fois-ci après avoir reçu l'indication qu'aucun autre enfant n'émergerait via mes « sources », bien que des révélations ultérieures indiqueraient que ma belle-mère avait fait davantage de fausses couches. Il convient de noter que les signes d'activités plutôt sombres impliquant de nombreux partis étaient toujours assez clairs, mais mon état d'esprit quelque peu naïf de l'époque n'était pas capable de tout comprendre, même l'esprit que j'avais à 22 ans (quel âge j'avais au moment de ce premier ajout à cette liste) a encore du mal à comprendre la connaissance de première main de tout cela.

23 NOVEMBRE 2006

Terre - États-Unis - Idaho - Murtaugh → Twin Falls → Boise

Représentation par l'IA d'un être surnaturel venant en aide

Pour Thanksgiving, ma vésicule biliaire a lâché. Je vivais chez mes grands-parents pendant que ma mère travaillait. Alors que normalement, une journée, je traquais pratiquement la cuisine, je dormais surtout car je ne me sentais pas bien, à peine capable de manger une bouchée de glace et un sandwich à la dinde.

Cette nuit-là, j'ai ressenti une vive douleur au côté, tombant violemment malade à cause de tout ce que ma grand-mère essayait de me donner pour m'aider. J'ai été transporté d'urgence à l'hôpital, où on a considéré que je souffrais d'insuffisance rénale. Les médecins de l'hôpital ont dit que mon cas était trop grave, mais que l'établissement parental de Boise serait prêt à m'accepter.

Pendant le trajet à l'hôpital, j'entrais et perdais conscience à vélo. Je me souviens avoir vu des éclairs de la description stéréotypée du « Paradis », avec mes proches décédés qui regardaient avec d'autres pendant que je semblais entrer et sortir. Ils ne comprenaient pas pourquoi j'étais là si tôt, ce qui les a seulement amenés à poser des questions quelque peu paniquées alors qu'ils me voyaient entrer et sortir progressivement.

L'hôpital de Boise a vérifié que j'étais en insuffisance rénale. Ma vésicule biliaire s'était arrêtée, infectant le reste de mon système. Ils ont réussi à me stabiliser, mais ont dit que j'aurais probablement besoin d'une intervention chirurgicale pour retirer ma vésicule biliaire. J'ai été à l'hôpital pendant un mois pour récupérer.

Tout au long de cette épreuve, je me souviens de visiteurs, autres que des proches. Certains étaient des parents décédés qui avaient traversé la frontière, d'autres étaient des patients hospitalisés. Si j'étais déjà mort ou proche de l'état, d'autres étaient peut-être des « familles vedettes », essayant de m'offrir des mots d'encouragement et d'aider à stabiliser mon système de leur côté. Apparemment, la perturbation de ce vaisseau physique se reflétait dans mon autre corps. Intrication quantique possible. Mon alter ego / moi supérieur (peu importe comment les gens l'appellent) semblait se débattre depuis l'intérieur du module tandis que des alertes étaient envoyées concernant la perturbation.

19 JANVIER 2007

Terre - États-Unis - Idaho - Twin Falls → Boise

L'opération pour enlever ma vésicule biliaire a été déplacée à mon onzième anniversaire. J'étais en cinquième année. Je me souviens de brefs rêves de ce que je sais maintenant être un vaisseau médical similaire à l'Excelsior, un vaisseau-mère extraterrestre lié au GFW. J'avais l'air plus âgé que je ne l'étais, au milieu de la vingtaine. Et j'avais des cheveux. Avant l'opération, une femme est venue et m'a expliqué que d'autres seraient postés à l'hôpital pour garder un œil sur mon corps Terrien pendant qu'il se rétablissait. Une fois de plus, des échantillons de sang disparaîtraient mystérieusement.

Il y a eu des complications pendant l'opération, un gonflement excessif de l'abdomen qui a dû être coupé. Il semblait que si l'opération n'avait pas été forcée de changer de date, j'aurais pu avoir de sérieux ennuis.

Pendant ma convalescence, pendant encore quelques semaines, je me souviens d'éclairs de la baie du module de stase. Ma conscience semblait basculer directement entre les deux vaisseaux grâce à l'état dans lequel je me trouvais.

AUTOMNE 2008 :

Les bagarres à l'école et à la maison commencent à me pousser l'esprit dans des endroits sombres, laissant le suicide comme option. À cette époque, j'ai également emménagé chez mes grands-parents maternels, me laissant aller à l'école avec un groupe d'individus plutôt préjugés que je pensais être des amis. Mes grands-parents vivaient dans la petite ville de Murtaugh et j'y ai passé du temps pendant mes années d'école primaire. Mon état d'esprit enfantin et naïf m'a fait croire que ces gens étaient mes amis. Les gens là-bas semblaient amicaux, mais dès qu'ils découvraient qu'un individu n'était pas membre de l'église locale, cet individu était traité comme un paria. Presque tous ceux qui ont quitté la région pourraient me confirmer cette affirmation.

Le conflit constant m'a amené à commencer à planifier comment je mettrais fin à ma propre vie. Par une chaude nuit d'automne, j'ai décidé qu'il était temps. Dans ma chambre se trouvait un grand placard avec des balustrades en métal qui semblaient suffisamment solides pour supporter mon poids. J'avais décidé que la meilleure méthode pour aborder ce problème était de me pendre à la balustrade à l'aide d'une vieille ceinture. Le placard lui-même n'était pas très haut et j'ai toujours été grand pour mon âge, ce qui rend la tentative un peu difficile. Je ne voulais pas que quiconque m'arrête et j'ai essayé de masquer tout bruit que je faisais pour donner l'impression que j'avais une mauvaise nuit de sommeil.

Pour relever le défi, j'ai placé une chaise à un endroit où mes pieds pouvaient la toucher juste assez pour concentrer davantage mon poids vers ma tête pendant que je me balançais. Le plan était de reculer la chaise et de couper le flux sanguin. La ceinture se resserrait jusqu'à ce que je sois privé d'oxygène... c'est peut-être ce qui l'a déclenchée.

Honnêtement, je ne peux pas dire si mon plan a fonctionné ou si « l'intervention » avait programmé son arrivée pour m'arrêter ; mais ce qui suit m'a quand même fait peur. Dans ce qui aurait été mes derniers instants, quelque chose a gelé mon corps. Une lumière bleue brillante est apparue de nulle part, dépassant complètement mes sens. L'énergie qui en émanait était si intense qu'elle fit disparaître mon environnement ; donnant l'impression que je flottais. J'ai pris quelques instants pour regarder autour de moi, car mes yeux étaient les seules parties de mon corps qui pouvaient bouger et j'ai vu la lumière danser comme si j'étais au fond de l'eau.

Soudain, un homme apparut devant moi ; son image est floue. Je pouvais dire qu'il avait de longs cheveux bruns et des poils sur le visage, et qu'il portait ce qui ressemblait à une robe blanche. L'ambiance que je recevais de sa présence était calme, amicale et soucieuse de mon bien-être. Mes sens externes essayaient de me donner une indication que quelqu'un d'autre était à proximité, mais je me concentrais sur ce qui se déroulait devant moi pour vraiment en prendre note. L'homme s'est rapproché de moi, son image paraissant plus claire à mesure qu'il s'approchait. Bientôt, il commence à parler. Pas de jugement, pas de critique, juste de l'inquiétude.

"Dakota, il y a quelqu'un ici que tu devrais rencontrer."

L'homme s'écarta et révéla une jeune fille, âgée d'environ cinq ou six ans. Elle avait de longs cheveux blonds, une peau légèrement bronzée et les yeux bleus les plus brillants que j'aie jamais vus. Immédiatement, j'ai pu dire que la petite fille était une parente de moi car elle ressemblait de façon frappante à mes sœurs. Les larmes remplirent ses yeux, les faisant scintiller comme l'océan par une belle journée d'été, envoyant instantanément mon cœur dans un abîme profond alors que la sensation de culpabilité m'envahissait.

Mais ce n'est pas son apparence qui m'a sorti de cette transe, c'est plutôt ce qu'elle m'a dit. Elle s'est approchée de moi, a posé sa main sur ma joue et a crié : « Papa, s'il te plaît, ne fais pas ça. »

Alors que la petite fille se penchait pour m'embrasser sur la joue, la vision disparut et je suis de retour dans le placard comme si de rien n'était. J'ai essayé de me débarrasser de ce que j'avais vu en me couchant, mais l'image trouverait des moyens d'interférer à l'avenir.évents. Son interférence m'a amené à lui donner le nom d'« Olivia Hope », après que ce nom m'ait été transmis au cours d'expériences « futures » destinées à m'aider à essayer d'entrer en contact avec elle pour comprendre ce dont j'avais été témoin.

PRINTEMPS 2009 :

Après quelques discussions avec un amoureux et une rencontre « venir à Jésus » avec un de mes oncles, j'avais décidé de retourner vivre avec ma mère car Murtaugh n'était pas l'endroit pour moi. Il contenait des réponses sur ce que je devais faire pour progresser. Mes pensées étaient centrées sur la recherche de la mère d'Olivia, mais pour ce faire, je devais essayer d'obtenir des réponses de ma petite fille. Je connaissais la possibilité de paradoxes temporels dans ces tentatives, et combien il était probable que ma fille sache que tout allait bien ; Je devais essayer. Des recherches sur divers forums en ligne et podcasts radio ont révélé plusieurs méthodes possibles que je pourrais essayer de prendre contact ; car mes expériences précédentes ont prouvé la possibilité de pouvoirs psychiques latents.

La méthode qui semblait la plus simple à utiliser était l'écriture automatique. Pour les non-initiés, l'écriture automatique est une forme de canalisation spirituelle qui permet à « l'esprit » de prendre le contrôle des mains appartenant au « canalisateur » et lui permettrait de transmettre des messages par écrit. Je dois noter qu'un tel processus peut facilement être détourné par des êtres négatifs, faire de telles expériences peut être très dangereux, mais j'étais suffisamment désespéré pour trouver des réponses.

Naturellement, ma première cible était ma fille qui voyageait apparemment dans le temps. Les expériences de prise de contact semblaient pour la plupart réussies. À chaque séance, j'ai pu établir que c'était elle et lui faire répondre à quelques questions. La question posée pour les sessions allait dans le sens de ceci (telle qu'elle a été récupérée dans un vieux cahier que j'ai déterré) :

Je cherche à prendre contact avec la petite fille qui m'a sauvé...

Est-ce que cette petite fille qui m'appelait « Papa ? »

Esprit : « Oui »

Es-tu réellement ma fille ?

Esprit : « Ouais »

Quand seras-tu là ?

Esprit : « 2025 » (*voyage dans le temps ? C'était avant que les extraterrestres ne soient envisagés... là encore, 2024 est censé être le moment où les ETs à l'apparence humaine se révèlent. Différentes sessions ont alterné entre les années 2024 et 2025)

Quel est ton nom?

Esprit : « Olivia »

Quelle est votre couleur préférée ?

Esprit : « Vert »

Avez-vous des frères et sœurs ?

Esprit : « Oui. Un frère, Michael.

J'ai essayé de formater les questions pour avoir une idée générale de la personnalité de ma fille, ainsi que de ce que l'avenir aurait pu me réserver. Quand j'avais enfin le courage de demander le nom de la mère d'Olivia, l'une des deux choses suivantes se produisait. Soit ma tête se remplissait de ce qui ressemblait à des interférences radio et je perdais la connexion avec elle, soit Olivia disait qu'elle n'était pas en mesure de révéler grand-chose pour le moment.

Mais si je ne l'avais pas dit clairement auparavant, cela n'allait pas être notre dernière rencontre.

FIN DE L'AUTOMNE 2010 :

Des recherches plus approfondies sur les activités paranormales m'ont conduit à décider de poursuivre des enquêtes paranormales, mais étant donné que j'étais à peine au lycée, je n'avais aucune source de financement autre que des paiements de garde d'enfants occasionnels que ma famille me répétait chaque fois que j'étais frustré de devoir constamment surveiller mon plus jeune. parents.

Les enquêtes paranormales étaient un passe-temps coûteux, surtout dans la mesure où je voulais le pratiquer, alors j'ai été obligé d'attendre les cadeaux de vacances et d'anniversaire alors que le baby-sitting n'était pas aussi fructueux. J'ai commencé à contacter, via les réseaux sociaux, d'autres acteurs du domaine pour commencer à étudier et à avoir des idées sur la manière de constituer ma propre équipe. Je formais la Paranormal Raider Force, quelque chose qui se démarquait des soi-disant « enquêteurs sérieux ».

D'autres notes sont venues du visionnage des différentes émissions paranormales à la télévision. Mon idée principale était de regarder les émissions pour avoir des idées sur la technologie et les méthodes, puis de bricoler jusqu'à ce que j'aie une pratique appropriée. Cela fonctionnerait assez rapidement en ma faveur, car j'utilisais à mon avantage le fait que la plupart supposaient que mon âge était presque le double de ce qu'il était réellement. Un DJ de radio locale m'a dénoncé, mais à ce moment-là, la plupart étaient suffisamment impressionnés par ce que j'avais construit par moi-même pour que mon âge ne soit pas un problème.

C'était réconfortant à bien des égards, car l'une des choses qui ont motivé ma décision de poursuivre cette vie, et peut-être de me forger un nom autour d'elle, était le fait que c'était à peu près le moment où mon père a été emprisonné pour avoir agressé sexuellement ma sœur - censuré. -. Étant donné que j'étais avec eux, j'étais pour la plupart tenu à l'écart de l'enquête. Cependant, cela ne s'est pas réglé sachant que mes frères et sœurs issus de lui étaient placés en famille d'accueil. Ma plus jeune sœur de l'époque, -censurée- que je n'avais pas encore rencontrée, n'avait que six mois. Ma mentalité était suffisamment sale pour que le Hatman, comme on l'appelle, ait fait une apparition en proposant de prendre soin de mon père à ma place. En partie, j'avais l'impression qu'il comprenait la tourmente en moi, mais je lui ai immédiatement dit de se faire foutre. Ce ne serait pas le dernier de sa part.

AVRIL 2010 :

J'ai rencontré ma chérie du lycée.

Le printemps, à mi-chemin de ma première annéeL'année dernière, j'avais rencontré une belle fille en classe. Le cours était Touchstones, il était censé « aider » les enfants à comprendre comment passer aux étapes importantes que nous étions censés atteindre dans notre vie d'adolescent à jeune adulte. Au début du cours, j'ai remarqué cette rousse timide qui restait généralement seule. Son nom était -censuré-. J'avais essayé de trouver un moyen de tomber facilement sur -censuré- (je lui ai donné le nom de Shandra dans ma série Ceux qui marchent sur tous les mondes) pour pouvoir allumer la flamme, mais je n'ai jamais pu en réparer une jusqu'à ce que le Le professeur de cette classe nous a assignés tous les deux au même groupe pour un sketch. Le sketch était censé ressembler à des scénarios tirés d'un livre d'auto-assistance pour adolescents destiné à enseigner de meilleures façons de réagir aux situations stressantes que tout Joe moyen pourrait rencontrer au quotidien. Mon groupe a reçu un sketch destiné à représenter un crétin coupant quelqu'un dans la circulation, entraînant une épave.

Le groupe était composé de -censurés-, de moi-même et de quelques idiots de classe. -censuré-

étant timide, il est resté séparé du groupe. Pendant que les idiots discutaient du sketch, j'ai tenu à me présenter à elle pour allumer la flamme. Elle a essayé de se dérober mais j'ai réussi à la convaincre de s'ouvrir. Lisez les premières entrées de Ceux qui marchent sur tous les mondes, si vous voulez avoir une idée du déroulement de cette conversation.

Bientôt, elle deviendrait la première « patiente » que je perdrais. Nous avons eu une altercation lorsqu'un troisième membre de notre groupe s'est joint à nous, transformant la situation en un triangle amoureux. Je n'ai pas bien géré la situation, elle se rapprochait de quelqu'un qui devenait physiquement violent envers les femmes et cette simple pensée me retournait l'estomac.

23 AVRIL 2011

Terre - États-Unis – Idaho - Murtaugh

Remarque : La toute première enquête menée par la Paranormal Raider Force a eu lieu dans le bâtiment du département des autoroutes.

Le plan initial était d'examiner des bruits étranges suggérant un repaire de type résiduel. Deux visages, une vieille dame qui crie, des pas et des détecteurs de mouvement qui s'enflamment. Plus tard, nous apprenons que ces esprits sont très disposés à se faire connaître. À l'époque, une affaire parallèle recherchait un enfant en bas âge qui avait été vu autour d'une voie ferrée à proximité, brandissant une tronçonneuse qui se présenterait, sur les photos, comme un orbe vert avec des pieds. Peu de temps a été investi dans ce phénomène en raison de l'approche des coyotes et du fait que juste à côté de la zone dans laquelle l'observation a eu lieu se trouve un bar.

J'avais enfin rassemblé suffisamment d'équipement décent pour mener une enquête bien orchestrée. Mon grand-père m'a proposé de visiter son lieu de travail à un moment opportun, car je passais le week-end chez mes grands-parents pendant que ma mère se remettait de son opération.

L'emplacement était celui du Murtaugh Highway Department, qui serait hanté par d'anciens employés et l'ancien contremaître du site. Les rapports arrivaient avec une fumée étrange, les portes des magasins claquaient sans vent ni passage de semi-remorques, des pas et des voix désincarnées occasionnelles. L'un des esprits présumés était l'ancien patron de mon grand-père, qui avait apparemment des enfants qui allaient à l'école avec mes parents ; la cause de son décès était un cancer du poumon... idem pour sa femme. Tous deux ont été de gros fumeurs au cours de leur vie.

En raison de mon âge à l'époque, l'État de l'Idaho a imposé un couvre-feu à toute personne de moins de 16 ans. J'étais accompagnée de ma grand-mère. J'avais 15 ans au moment où j'ai décroché cette enquête. Au départ, j'étais contre l'idée, notant la tendance de ma grand-mère à essayer de contrôler une situation et mon désir de garder toutes les activités hors du contrôle de ma famille (ce qu'elle faisait à quelques reprises). Mais dans cette situation, avoir ma grand-mère à bord s'avérerait utile.

J'ai publié les résultats de l'enquête, accompagnés de brefs rapports de cas, sous forme de vidéo YouTube pour aider à promouvoir les affaires. L'affaire a permis de rassembler des visages étranges apparaissant sur une caméra vidéo et d'étranges enregistrements audio. Hors caméra, il y avait des voix de femme hurlantes pendant l'installation, des pas se déplaçant dans le gravier et des voix provenant d'une session radio.

La session radio était une idée pour essayer de reproduire les résultats des fameuses Ghost Box sans aucun bricolage. L'idée était simplement de régler une radio disponible sur la fréquence la plus basse possible pour permettre aux esprits de communiquer plus facilement. Le problème était de s'assurer que rien ne passait sur la fréquence sélectionnée. Cet endroit a été le seul endroit où il semblait fonctionner.

Grâce à cela et à un suivi (mentionné ci-dessous), j'ai considéré le « Murtaugh Highway Department » comme un site obsédant légitime.

VACANCES DE PRINTEMPS 2011 :

Terre → États-Unis → Idaho → Twin Falls

Pendant les vacances de printemps de ma première année au lycée, j'ai été impliqué dans un accident de voiture pendant mon cours de conduite automobile. J'étais le conducteur du véhicule, mais aucune faute n'a été constatée. Le trajet était prévu pour emmener ceux d'entre nous de mon groupe à l'époque dans le comté et sur l'autoroute. Alors que nous revenions en ville, une vieille dame a tenté de traverser six voies de circulation très fréquentées. Évidemment, comme vousSi l'inclusion de cet événement l'indiquait, c'est moi qui l'ai frappée. La vieille dame a tenté de plaider son innocence et de raisonner le policier, mais c'est elle qui a été jugée fautive dans ce que le policier lui-même a décrit comme étant un jeu raté de « Frogger ». À l'impact, j'ai eu l'impression d'avoir été projeté dans un projet astral, voyant la voiture s'écraser sur l'avant et m'avoir rendu inconscient.

2-4 JUILLET 2011 :

Terre → États-Unis → Idaho → Sawtooth National Forest → Près de Diamondfield Jack

Ma première enquête Sasquatch.

Alors que mon grand-père poursuivait sa lutte contre le cancer, la famille a décidé d'emmener tout le monde camper plutôt que de faire notre route habituelle vers le Wyoming pour des feux d'artifice illégaux, puis de les allumer pour le 4 juillet. L'un des endroits envisagés était intéressant car c'était la zone que j'avais repérée un possible Sasquatch des années plus tôt. Il y a une série de grottes près de la station de ski de Magic Mountain dans laquelle semble résider une famille de 'Squatch. Compte tenu de la période d'apparition et de l'âge possible du juvénile que j'ai pu rencontrer, au moins quatre spécimens sont en la région.

J'ai reçu un possible conseil plus tôt dans la semaine sur les préférences alimentaires des Sasquatch pour aider à en attirer un, grâce à une vidéo d'information qui circulait montrant un analyste légiste à la retraite utilisant des morceaux de chocolat pour attirer un spécimen devant une caméra de suivi. Une petite créature ressemblant à un singe s'est approchée de moi par derrière pendant que j'installais les choses, mais s'est rapidement enfuie lorsqu'elle a réalisé que je savais qu'elle était là. Sa fourrure était presque noire, il faisait sombre et le petit monstre était rapide.

Je n'avais pas de caméra de chasse à ma disposition pour cette chasse, mais j'avais un sol suffisamment meuble pour rassembler un lancer de pied si je réussissais. La deuxième nuit du voyage, j'ai finalement posé le piège mais je m'étais endormi avant toute apparition. Le lendemain matin, j'ai pu examiner la zone et réussir à extraire un plâtre de pied. Mes estimations montrent que le spécimen possible avait un pied suffisamment grand pour s'adapter à une chaussure d'homme de taille 22...

mon propre pied étant une taille 18. Malheureusement, des années plus tard, le moulage a été détruit lors du déménagement dans une nouvelle résidence, mais j'ai cette comparaison de photos pour montrer que Je n'ai pas simulé le casting puisque j'étais la personne avec la plus grande stature et la plus grande taille de pied. Les comparaisons que j'ai faites avec les photos d'un professeur de l'Université de l'Idaho qui chasse lui-même le Bigfoot montrent une ressemblance frappante.

Je dois également noter que pendant tout le séjour au camping, des signes d'un animal plus gros traquant la zone étaient répandus, mais personne n'a été en mesure de confirmer exactement quoi.

Idéalement, j'ai pu assister à une interview à la radio avec une émission intitulée "Second Sight", qui avait une star invitée qui était un célèbre chasseur de Bigfoot et j'ai pu recueillir des notes sur ce qu'il fallait rechercher pour éventuellement suivre un Sasquatch, associé au Le segment d'actualités que j'ai mentionné plus tôt dans cette liste a fourni des informations précieuses. Quelques semaines plus tard, j'ai pu contacter le même invité de l'émission et j'ai pu raconter mon histoire, ce qui m'a valu une apparition dans sa propre émission intitulée "Monster Theatre".

Devenir l'homme

13 AOÛT 2011 :

Mon grand-père m'avait informé d'un incident survenu dans son travail, ce qui avait suscité de l'intérêt et un léger accès de rage face aux conditions présentes à cette époque. Mon grand-père, qui était presque amaigri à cause des traitements contre le cancer, et mon oncle ont peut-être été attaqués par un esprit. L'incident qui m'a été rapporté est que, alors que j'étais assis dans le bureau principal, une étagère a été arrachée du mur et lancée vers eux. D'après le rapport, l'attaque semblait viser mon oncle ; sachant à quel point il aurait pu facilement se moquer de l'idée que les esprits en général pensaient que personne ne l'entendrait, je dois reconnaître la possibilité qu'il ait pu avoir l'attaque à venir. Mais cela n'excuse pas d'attaquer un homme qui était mourant !

J'ai mené l'enquête dans le seul but d'irriter les esprits présents dans le bâtiment et de leur faire savoir que l'attaque n'allait pas être tolérée. J'avais recherché des méthodes pour potentiellement chasser les esprits de cet endroit et j'avais menacé de les utiliser si un tel incident se reproduisait. Soit à cause de ma stature, soit du fait qu'ils savaient que j'étais sérieux, il y avait une activité quasi inexistante.

Tout au long de la nuit, j'ai eu l'impression d'être observé, mais je n'ai jamais réussi à convaincre les « observateurs » de se tromper et de se révéler. Au fur et à mesure que la nuit avançait, une nouvelle idée m'est venue à l'esprit et je pensais qu'elle pourrait potentiellement aider à susciter une sorte de réaction de la part des esprits résidents. Et s'ils voulaient juste qu'on les laisse seuls ?

En utilisant un capteur de mouvement comme objet déclencheur, j'ai proposé les conditions suivantes... plus d'attaques, plus de visites de ma part. Ils pouvaient rester, bon sang s'ils avaient envie de faire des farces aux vivants, c'était bien, mais plus d'attaques. Si j'avais fait d'autres apparitions, elles devaient être considérées comme étant simplement de passage puisque mon grand-père y travaillait toujours et que des visites de ma part étaient probables.

Jusqu'à la date du 22 août 2017, aucun autre représentantDes sortes d'activités paranormales à cet endroit ont atteint mes dossiers. Cela rend l'endroit à classer comme n'étant plus hanté.

AUTOMNE 2011 :

-censuré- Annonce

Représentation IA de Dakota contemplant un avenir martien

Un programme à mettre en place pour établir la première colonie humaine sur Mars d'ici 2035 et j'ai été contacté pour potentiellement participer au premier lancement. Bien que le programme soit une perspective intéressante et qu'il pourrait ouvrir la voie à un tout nouveau visage de l'humanité, deux problèmes se posent à l'idée que je participe au lancement... 1. Je mesure cinq pouces de trop et 2. J'étais Je suis plus jeune que les principaux acteurs de cette entreprise ne le pensaient. Cependant, la chance de faire partie d'un événement historique tel que la colonisation d'une autre planète est une offre trop belle pour la laisser passer, alors j'ai décidé de mettre au moins mon nom dans le chapeau juste pour voir ce qui se passerait. Une partie de moi essayait d'atténuer mentalement le stress auquel je me soumettais en comparant le nom de l'entreprise au jeu vidéo DOOM, affirmant qu'une entreprise portant un nom similaire était parmi les premières expéditions à lancer une véritable invasion de l'enfer.

L'ironie derrière cette déclaration...

31 OCTOBRE 2011 :

J'ai eu la chance de faire une randonnée avec un de mes oncles et mes grands-parents juste après Sun Valley, pendant qu'ils partaient à la chasse. Les deux seules raisons pour lesquelles j'ai pris la peine d'y aller, puisque je ne suis tout simplement pas amateur de chasse traditionnelle, c'est parce qu'on m'a dit qu'il y avait des puits de mine abandonnés dans la région et que j'aime observer la faune. De grandes quantités de quartz se trouvaient également dans la région, un minéral censé agir comme une source de batterie pour les esprits.

Une fois que nous sommes tombés sur les puits de mine en question, nous avons eu l'impression que quelqu'un était à l'intérieur et nous regardait et quelques photos semblaient renforcer cette idée.

J'ai ramené à la maison un gros morceau de quartz, j'ai réussi à sauvegarder les photos et à les montrer à quelques personnes qui avaient participé à des émissions de chasse aux fantômes... leurs opinions suggéraient qu'ils pensaient que c'était une bonne capture.

Mais la plus grande leçon que j'ai eue là-dedans ? Ne dépassez pas le point d'épuisement physique juste pour surpasser votre cousin bruyant... votre corps vous le fera regretter.

4 DÉCEMBRE 2011 :

Peut-être le moment le plus déchirant de ma vie au cours de mes premières années de travail, le jour où j'ai perdu le membre de ma famille qui se sentait le plus favorable à mes efforts. Il devrait être évident maintenant que mon grand-père était plus un père pour moi que mon propre père, et il a fait preuve de courtoisie envers ma sœur et mes cousins maternels. Mais comme j'étais le plus âgé du groupe, j'avais la relation la plus étroite avec lui. Même si nous avions tous subi une perte le jour de sa mort, cela m'a frappé le plus durement ; même si mon manque apparent d'émotion a inquiété le reste de la famille.

Mon grand-père était le genre de gars qui ne voulait pas qu'on fasse toute une histoire, et ma grand-mère et moi étions les deux seuls à nous en souvenir. Alors que tout le monde continuait à se battre et à se demander comment gérer les affaires familiales, elle et moi étions ceux qui voulaient simplement dépasser tout et passer à autre chose. Ma propre mère a essayé de me pousser à fondre en larmes, allant jusqu'à dire que je n'étais pas humaine, à plusieurs reprises, ce qui a continué à susciter l'envie de briser une bouteille en verre et d'enfoncer les éclats profondément dans sa tempe. Je ne lui faisais pas confiance pour montrer la moindre émotion, car cela se retournerait contre moi, ou serait utilisé pour parler de moi comme si je n'étais rien de plus qu'un singe stupide lorsque j'étais dans la pièce ; bon sang, je ne lui fais toujours pas confiance dans la vingtaine et notre relation s'est améliorée.

Mais revenons à mon grand-père, même s'il me manque toujours, je dois admirer combien de temps il a réussi à résister à son cancer malgré sa propagation continue dans tout son corps. Pour le service, ma grand-mère l'a fait incinérer et son urne a été placée sur une table d'exposition entre deux grands moniteurs (cela se déroulant dans une maison funéraire) pendant qu'une vidéo montrant une série de photos de la vie de mon grand-père était diffusée. Le voir enfant, les vieilles photos de mes grands-parents ensemble, la plus récente de moi et de mes cousins... tout cela m'a fait réfléchir au type de personne que je voulais être dans cette vie.

J'ai toujours su que je voulais être comme mon grand-père, mais ce n'est qu'après sa mort que j'ai commencé à comprendre ce que tout cela signifiait réellement. Ces pensées se sont poursuivies tout au long du dîner ce soir-là, alors que nous passions la nuit à Jackpot pour dîner dans un casino pour lequel ma grand-mère travaillait, et vraiment ces pensées m'habitent encore aujourd'hui.

Ce qui m'amène à ce point que je souhaite faire valoir à l'intention de tous les jeunes lecteurs qui voient cela, en particulier les jeunes adultes au stade de leur vie où ils croient qu'ils n'auront plus besoin de leurs parents à l'âge de 18 ans.

Bien que mon grand-père n'était pas mon parent biologique, il était plus une figure parentale que mes propres mère et père et comme j'ai maintenant 28 ans au moment d'écrire ces lignes, je peux vous dire en toute honnêteté que j'aurais aimé encore avoir lui avec moi aujourd'hui pour régler la vie. Quand je sais qu'il est temps de progresser dans le monde, comment faire bonne impression, tout le père-fils typiquemoments, comment être un bon père quand mes propres enfants arrivent, savoir quand il a su que ma grand-mère était la bonne... Je me retrouve à lui demander ces choses pour rencontrer un écho de sa voix qui réside encore dans ma tête.

Parfois, les voix fournissent des indices, mais je me heurte néanmoins au silence et aux désagréments de devoir reconstituer tout cela par moi-même. Bon sang, j'aurais parfois aimé ne pas être un tel gosse quand il essayait de m'apprendre les voitures. Mais il va sans dire que j'aurais aimé qu'il soit toujours là parce que j'en suis venu à accepter le fait qu'il y a beaucoup plus à apprendre dans le monde. Donc, si vous le pouvez, ne vous précipitez pas pour expulser vos parents ou quiconque se mobilise pour remplir correctement ce rôle dans votre vie.

FIN DÉCEMBRE 2011 :

Mes émotions suite à la perte de mon grand-père ont été mises à l'épreuve lorsque j'ai appris que quelqu'un que je considérais comme un ami avait frappé une jeune femme de notre classe. Pour aller du meilleur de ma mémoire, -censuré- a frappé cette jeune femme après qu'elle l'ait dénoncé pour son comportement envers les femmes. Je m'en fiche des crétins qui font ça aux filles, quelle que soit la situation. J'ai essayé de l'éviter, sachant que j'allais faire quelque chose d'imprudent par colère, mais je ne pouvais pas éviter de laisser mon visage révéler mes véritables intentions. -censuré- a essayé de me confronter, c'est là que je l'ai laissé faire. J'ai même promis de le tuer s'il essayait à nouveau de mettre la main sur une autre fille. Mon message lui est parvenu, car il a rapidement été escorté à l'école par des enseignants et a finalement déménagé en Arizona avec des parents. Il était hors de vue, c'est tout ce qui m'importait.

Quant à moi, j'ai été placé dans ce qu'on appelait la « Salle PASS (Alternative Positive à la Suspension Scolaire) » pour une seule classe -censurée- et j'ai partagé, histoire d'aider à apaiser les tensions. Mais le lendemain, lorsque je me suis présenté dans la salle désignée, le professeur principal m'a informé que l'avis n'avait jamais été envoyé. Je suis resté juste pour éviter d'autres problèmes. -censurée- m'a vu alors que je partais, ce qui l'a apparemment poussée à demander ce qui s'était passé et notre dernière éruption qui a conduit à la rupture de «l'équipe» a eu lieu.

Ce n'est pas comme si nous allions durer de toute façon.

À vrai dire, cela ne m'a amené qu'à plonger davantage dans le surnaturel pour me garder sous contrôle. L'un des sujets sur lesquels je commencerais à faire davantage de recherches est la démonologie, et même à chercher comment invoquer un démon si je devais un jour me retrouver dans une situation vraiment assez désespérée. J'ai parcouru l'histoire et j'en ai trouvé une qui a le plus attiré mon attention, un être nommé Marchosias.

Certains disent que Marchosias peut apparaître comme un mâle, d'autres disent comme une femelle, d'autres qui ont vu la forme démoniaque ont vu un loup avec des ailes et un serpent pour queue. Ce qui m'a le plus attiré chez cet être en particulier, c'est que Marchosias, selon la "tradition", n'aimait pas nécessairement l'idée de la chute des anges, espérant en fait que les différences puissent être réparées et que les deux parties puissent retourner au paradis. Son choix de tomber était dû au fait que sa famille était également tombée.

Lorsque j'ai mené le rituel, l'invocation a eu un peu plus de succès que prévu... l'être qui s'est manifesté... eh bien, disons simplement que la louve avec un serpent pour queue n'était pas une exagération. Mais à part l'initiale

7 JANVIER 2012 :

Les rumeurs d'un possible esprit hantant les couloirs d'une école primaire locale persistaient alors que ma mère occupait un poste dans la cour de récréation pour son travail. Au départ, j'ai essayé de planifier l'enquête à une date proche du moment où ma mère a commencé à travailler là-bas, mais sa nervosité à l'idée d'approcher le patron trop rapidement m'a obligé à attendre cette date. La directrice était une amie de la famille et elle a assisté aux funérailles de mon grand-père, alors voir des personnes en qui elle aurait confiance dans de telles circonstances a aidé à lui ouvrir les portes. Le seul problème majeur était que -censuré- devait arriver car j'avais besoin des clés de ma mère et je n'avais pas de baby-sitter de secours. Au début, j'étais contre l'idée, mais je pensais qu'avoir un enfant dans les parages pourrait au moins susciter une certaine activité.

Le bâtiment lui-même célébrait récemment son 100e anniversaire et le directeur m'a informé que l'intérieur lui-même avait été rénové à plusieurs reprises au cours de cette période. L'enquête s'est toutefois révélée plutôt ennuyeuse puisque toutes les allégations ont été réfutées. Les bavardages dans le sous-sol étaient le cliquetis rapide d'un chauffe-eau tordu par un esprit à moitié fatigué, les toilettes à chasse d'eau automatique manquaient de pression d'eau et les rapports selon lesquels des enfants entendaient jouer étaient dus aux familles voisines emmenant leurs enfants jouer sur le terrain. le milieu de la nuit. Il y avait des parties de l'école auxquelles je n'avais pas accès afin de réfuter toute affirmation, mais dans l'ensemble, le lieu n'était pas hanté.

Les étudiants de l'école ont rapidement répandu des rumeurs, mais j'espère qu'elles resteront telles. Des recherches ont montré qu'il est possible que quelque chose émerge si les enfants croyaient aux rumeurs, provoquant une manifestation.

27 JANVIER 2012 :

Lors des funérailles de mon grand-père, j'ai pu décrocher une autre affaire. Le client était la meilleure amie de ma grand-mère au lycée. Elle avait mentionné que sa maison était une possible activité paranormale, après que mes propres aventures aient été évoquées dans la conversation. Il semblait que l'endroit était en proie à des personnes de l'ombre, à des voix dans la nuit et à des sentiments fantômes d'être touché. Il a également été porté à mon attention que plusieurs morts violentes étaient liées à cet endroit, dont une femme décapitée.

Au moins quatre morts violentes ont eu lieu sur les lieux, la femme décapitée retrouvée dans un fossé juste à l'extérieur de la maison. Mon intérêt pour l'endroit a pour le moins atteint son paroxysme.

La maison elle-même ressemblait à une cabane surdimensionnée qui aurait facilement pu s'effondrer avec une tempête de vent assez violente, et elle était entourée de nombreuses terres agricoles. De vieux puits étaient disséminés sur les lieux, un long fossé s'étendait sur environ un quart de mile de la résidence... l'endroit entier ressemblait à un décor pour un spectacle d'horreur. Cela s'est rapidement avéré être l'un des cas les plus effrayants auxquels j'ai été confronté.

Le fossé à l'extérieur, là où le corps a été retrouvé, a commencé à briller tout seul. Cela a suffi à effrayer mon oncle sceptique qui a décidé de se joindre à cette affaire. Les voix essayaient de s'exprimer mais à peine audibles pour être entendues à l'oreille nue, les points froids et les sensations de « toucher » fantômes n'étaient que le début. L'examen des preuves a permis de clarifier certaines communications avec l'autre partie, mais un enregistrement du vice-président exécutif a rapidement propulsé l'affaire vers de nouveaux sommets ; car c'était une voix de femme disant qu'elle était à l'intérieur du puits.

Sur la propriété, dans le sous-sol juste en dessous de l'endroit où l'enregistrement a été capturé, se trouvait un puits scellé. Il y avait une plaque de métal avec une sorte de symbole solaire dessus, partiellement recouverte de ciment.

Qu'est-ce qu'il y avait là-dedans ? J'en ai peu d'indices. Mais la chose est au-dessus de cette chose... c'était comme si quelque chose de maléfique essayait de vous entraîner.

Les preuves recueillies à cet endroit sont peut-être les plus étranges à ce jour. Les orbes se reflétant sur les surfaces métalliques, les voix, les lumières étranges... que se passait-il ?

Une enquête plus approfondie était évidemment justifiée... si le client avait pu rester en dehors de la prison.

Une dernière question persiste encore : pourquoi diable faisait ma grand-mère pour attirer ce genre de choses ?

MAI 2012 :

J'ai été informé par une amie commune qui - censurée - avait disparu, laissant apparemment un mot derrière elle le jour de la fête des mères pour dire à sa mère qu'elle était partie vivre avec sa « famille de la rue ». Finalement, le responsable des ressources étudiantes s'est approché de moi, sachant qu'il y avait jusqu'à récemment un moment qui était -censuré- et je semblais plutôt proche et, alors qu'il savait que je n'avais rien à voir avec sa disparition, il m'a demandé si par hasard j'avais entendu quelque chose . Évidemment, je ne l'ai pas fait, ne lui ayant pas parlé après la séparation de l'équipe. mais pendant que lui et moi parlions, j'ai remarqué qu'une autre amie de -censurée- la regardait attentivement, un air de panique l'envahissant. J'ai tout de suite su qu'elle savait quelque chose et qu'elle serait probablement le seul lien direct vers -censuré- pour savoir où elle allait.

J'ai utilisé cette connexion pour transmettre lentement des informations - censurées - afin de lui faire croire que je me rapprochais de chez elle, soit pour la tromper pour qu'elle revienne, soit pour révéler où elle se trouvait. Étant nouveau dans le surnaturel, j'ai utilisé mes premières connaissances en matière de procédures d'enquête policière pour resserrer lentement l'étau au cours des deux semaines suivantes. En associant les méthodes de divination recommandées par mon arrière-grand-mère, les observations rapportées et la simple déduction, j'ai réussi à avoir une bonne idée de l'endroit où -censuré- aboutissait.

Elle avait quitté l'État avec un type et s'était dirigée vers le sud, en Utah. J'ai fait de mon mieux pour utiliser ce que je savais de la visualisation à distance pour avoir une idée approximative de l'endroit où elle aurait pu séjourner, de la description du bâtiment et tout. Une fois que j'avais confiance en mes découvertes, je m'assurais que l'ami entendrait que je me rapprochais. Après deux semaines de recherche, c'était dans les 24 heures après que j'annonçais que la ville -censurée- se trouvait dans cette ville -censurée-. elle finit par appeler sa mère pour qu'elle vienne la chercher.

Une partie de moi voulait voir si nous pouvions raviver l'ancienne flamme, mais vu comment tout s'était déroulé, il semblait qu'elle avait ses propres choses à régler avant de s'engager dans quelque chose de grand. Elle me manquait et l'idée de sa disparition m'inquiétait beaucoup. C'était bizarre de voir sa photo sur une affiche disparue accrochée au mur d'un grand magasin local. Mais au moins, elle a été ramenée à la maison saine et sauve.

23 JUIN 2012 :

J'ai trouvé un site Web qui héberge des émissions audio gratuitement et j'ai commencé à réfléchir à la création de ma propre émission de radio pour aider à maintenir les apparences et augmenter mon audience. Pendant un certain temps, j'ai utilisé le titre « Journals of Supernatural Adventure » et le principe de base était que je discutais d'idées et de théories sur divers phénomènes. La série a réussi à rester à flot et d'anciens enregistrements flottent encore sur mes anciennes pages Youtube de presque tous les épisodes que j'ai enregistrés.

6 JUILLET 2012 :

Premier épisode de Journals of Supernatural Adventure est diffusé. De toute évidence, peu de gens l'ont écouté étant donné le nouveau statut de l'émission et le manque def des fonds pour payer le marketing.

AUTOMNE 2012 :

Durant mes deux premières années de lycée, j'ai fréquenté l'école -censurée-. Honnêtement, je détestais mon séjour là-bas et pendant les périodes d'inscription aux cours, presque tous les cours que je choisissais étaient supprimés du programme. Honnêtement, j'en avais assez de cela parce que j'avais une idée approximative de ce que je voulais accomplir dans la vie et le peu qu'ils avaient à m'offrir à cet égard ne cessait d'être retiré, donc je savais si j'avais réellement une chance de faire quoi. Je voulais faire dans la vie que je devrais quitter. C'était probablement l'une des meilleures décisions de ma vie que de tromper ma mère pour qu'elle m'inscrive - censuré - pour terminer mes études secondaires. Si je ne l'avais pas fait... une grande partie de ce qui suit dans les prochaines entrées n'aurait probablement pas été réalisée. Oui, c'était une école en ligne, mais au moins je suivrais des cours dans des matières qui m'intéressaient réellement.

10 OCTOBRE 2012 :

Phase 1 du documentaire abandonné sur le surnaturel. Compte tenu de l'étendue de ce que j'avais encore à apprendre, il semblait préférable de simplement mettre ce projet de côté jusqu'à ce que davantage de ressources puissent lui être allouées.

27 OCTOBRE 2012 :

JSA Emergency Broadcast pour un cas -censuré-. Prière de protection demandée à l'assistance pour une famille en difficulté. Il a été rapidement prouvé que la source de l'activité était une belle-mère décédée en colère qui n'était pas très heureuse avec le mari infidèle et violent. -censuré- a rapidement demandé le divorce après que je lui ai dit ce qu'il fallait rechercher, basant mes avertissements sur les actions de mon propre père lorsque nous avons commencé à voir ma belle-mère alors que techniquement encore avec ma mère. En gros, il a essayé de faire de ma belle-mère une baby-sitter pour moi.

Néanmoins, même si j'ai presque dépassé les limites professionnelles, cette affaire a été une victoire.

ÉTÉ 2013 :

Je pense que je suis tombé par hasard sur un skinwalker. Quelque chose d'énorme était sorti, traquant la zone. J'ai supposé que c'était probablement juste des coyotes qui traquaient certains des chats errants à proximité, car celui qui semblait préférer venir chez moi avait disparu. Je suis sorti un soir et j'ai vu quelque chose qui allait me convaincre du contraire. Le "coyote" avait l'air d'avoir la gale. Il semblait malade et me regardait comme si j'étais son dîner. J'ai regardé de plus près et il a commencé à se tenir sur ses pattes arrière… apparemment en sortant quelque chose et en le pressant près de son museau… cette chose était sur le point d'attaquer. Heureusement, le bruit d'un avion de chasse passant par des manœuvres militaires dans les airs a attiré son attention et il s'est enfui. C'était trop bizarre. Les chiens, généralement si leur extrémité avant est gravement endommagée, peuvent marcher sur leurs pattes arrière mais… cela semblait tout simplement trop humain.

23 SEPTEMBRE 2013 :

Enquête sur les boules de feu d'OVNIS

Une boule de lumière verte vue dans le ciel provoque des dégâts matériels dans les maisons de la zone où la « lumière » a disparu. Aucune couverture médiatique, malgré les informations faisant état d'une explosion et des dégâts matériels susmentionnés. Rapidement écarté comme météore, riche en fer à l'origine des flammes vertes. Bien que cela n'ait probablement aucun rapport, j'ai personnellement vu d'éventuels Men in Black au cours de la même semaine. Trois d'entre eux, assis dans un SUV noir, se sont arrêtés dans une rue voisine et m'ont simplement regardé. Aucun sentiment de danger, plutôt un « tu voulais nous voir, et maintenant ? une sorte d'ambiance. J'avais enquêté sur des observations présumées, par ma propre curiosité, mais je ne m'attendais pas à une véritable rencontre.

AUTOMNE 2014 :

Touche finale à "Ceux qui marchent sur tous les mondes", une série de livres vaguement basée sur mes exploits paranormaux et ma compréhension du phénomène à l'époque. Le livre lui-même a fait l'objet de plusieurs rééditions, la dernière en date étant une collection de tous les livres publiés dans le cadre de la série sous un seul titre, « Ceux qui parcourent tous les mondes : Origines ».

MAI 2014 :

J'ai obtenu mon diplôme d'études secondaires et j'ai sauté directement sur le marché du travail plutôt que d'assister à mon diplôme ou à des voyages pour seniors. C'était juste bizarre étant donné que je ne voyais presque jamais d'autres enfants de ma classe, sauf lorsque nous devions nous rendre dans la salle de conférence d'un hôtel local pour faire nos SAT. Ma mère a essayé de contacter mon conseiller en supposant que je ne voulais pas le faire en raison de son horaire de travail chaotique, mais honnêtement, cela ne pouvait être plus éloigné de la vérité.

Officiellement adulte

MAI - AOÛT 2014 :

Premier emploi après l'école dans un centre d'appels local. Il s'agissait d'une société d'externalisation et, en raison de mes connaissances en informatique, j'ai été affecté à une société de services Internet qui n'offrait même pas de service dans ma région. Ce qui était encore plus perturbant, c'est que toute motivation pour potentiellement évoluer dans l'entreprise s'est rapidement épuisée lorsqu'il a été révélé que le poste qui m'avait été attribué était le plus élevé. Passer au poste de superviseur, même dans le même « domaine », nécessiterait une réduction de salaire.

Ce n'est pas comme si je voulais progresser, mais cela m'a sérieusement fait remettre en question les motivations de ceux qui ont essayé. Surtout quand un gars qui faisait partie de mon groupe de formation a commencé à coucher avec mon superviseur direct. Eh bien, de toute façon, cela n'avait pas d'importance à long terme. La principale raison pour laquelle j'ai postulé pour le poste c'est parce que je savais que je reconnaîtrais certaines personnes qui y travaillaient déjà ; ma belle-mère et ma première petite amie du collège. Ma belle-mère semblait essayer de mettre de l'ordre dans sa vie après avoir eu affaire à mon père. Quant à mon ex... assez de temps s'était écoulé et nous étions tous les deux adultes maintenant. Je savais aussi qu'à l'époque on lui avait diagnostiqué un trouble dissociatif de l'identité, ou plus communément appelé trouble de la personnalité multiple.

Lorsque j'ai commencé à travailler, des visages encore plus familiers ont été embauchés en même temps, ce qui m'a apaisé un peu les nerfs. Pourtant, à long terme, mon anxiété a pris le dessus sur moi et je commençais à raccrocher aux clients, ce qui me conduisait à me faire virer.

OCTOBRE 2014 :

J'ai eu un accident de voiture alors que je déménageais dans une nouvelle maison. Ma grand-mère se trouvait à proximité des lieux et était présente lorsque les ambulanciers m'ont aidé à sortir de la voiture. Quelque chose a fait que la voiture, une Chrysler 300 2002 que ma grand-mère m'a vendue, a commencé à « trébucher » de manière aléatoire tout en accélérant, donnant l'impression que quelqu'un freinait rapidement et de manière répétitive. Alors que j'aidais à déplacer quelques petits objets de dernière minute de l'ancienne « maison » vers la nouvelle, ce « tronçonnage » a commencé alors que j'essayais de traverser une intersection, ce qui m'a amené à être heurté côté conducteur par un pick-up roulant à 60 mph. Quelques instants avant l'impact, Olivia s'est manifestée en criant "Papa, fais attention !"

C'était trop tard. J'ai décidé d'aller avec les ambulanciers juste pour m'assurer qu'il n'y avait pas de dégâts majeurs. Je me sentais mal à cause d'une partie du châssis de la voiture qui avait été heurtée contre moi, si l'autre conducteur avait roulé plus vite, j'aurais failli perdre mon pied gauche à cause de la distance dans laquelle le passage de roue était plié vers l'arrière. Heureusement, dans cet état et trop plein d'adrénaline, je n'ai rien ressenti et j'ai marché jusqu'à l'ambulance. Pendant le trajet jusqu'à l'hôpital, j'ai expliqué aux médecins que la raison pour laquelle je les avais accompagnés était qu'après l'impact, j'avais perdu connaissance et j'avais commencé à voir mon grand-père décédé au bout d'un tunnel de lumière bleue. Les tomodensitogrammes effectués à l'hôpital ont révélé qu'aucune lésion cérébrale visible n'avait été détectée, même si j'ai eu des étourdissements pendant quelques mois après.

En raison des liens de ma mère avec les forces de l'ordre locales, l'accident a dû être confié à une juridiction frontalière. Le centre de répartition pour lequel ma mère travaillait à l'époque gérait quatre comtés de services de police, d'incendie et EMS ; l'accident a eu lieu juste à la frontière de sa juridiction et d'une autre (la cartographie exacte des districts qui lui étaient ou non connectés peut être un peu déroutante). Cependant, étant donné que ma mère exerçait ce métier depuis longtemps, elle en connaissait encore quelques-uns qui travaillaient dans des juridictions autres que la sienne.

C'est grâce à cela que j'ai appris que l'agent qui s'est occupé de mon cas avait inscrit l'amende sur une seule contravention, ce qui ne serait pas une contravention rapide comme il l'appelait, au montant le plus bas qu'il pouvait obtenir. Les contraventions restantes ont été faciles à effacer de mon dossier, car il s'agissait d'une absence standard de permis et d'immatriculation, car personne ne pouvait repérer l'endroit où mon portefeuille avait atterri dans la voiture après qu'il soit tombé du short ample que je portais.

Je m'étais disputé avec ma mère et ma grand-mère au sujet du fait que j'avais mes informations sur moi et que je quittais rarement la maison sans ces informations. La façon dont ils ont poussé le problème, en soulignant que le fait que les autres n'aient pas pu trouver mon portefeuille devait, d'une manière ou d'une autre, signifier par magie que j'hallucinais en ayant mon propre portefeuille sur moi au moment de l'impact. Ce ne serait que lorsque j'aurais la chance de voir la voiture, quelques jours plus tard, à la casse afin de pouvoir récupérer tout ce qu'elle contenait. Alors même que je commençais à chercher, ma mère a essayé d'insinuer que j'essayais de faire une scène plus grande que je ne l'étais pour éviter d'avoir à payer des billets, ne me taisant que lorsque j'ai tenu mon portefeuille devant elle alors que même moi, je commençais à douter de moi.

Heureusement, une commission que j'avais reçue de mon emploi précédent a été versée et cela m'a aidé à payer le billet restant. J'ai pu obtenir ceux concernant le fait de ne pas avoir de permis ou d'assurance, car il s'agissait des tickets de « réparation » susmentionnés.

14 NOVEMBRE 2014 :

Ma mère m'a posé des questions sur une fille avec qui j'allais à l'école, après son retour du travail. Son travail de -censuré- était immédiatement un mauvais signe. Une de mes amies et sa mère ont été abattues par son beau-père. Inédit dans les médias, le beau-père a ensuite envoyé un texto à sa tante pour qu'elle avoue ses crimes avant de retourner l'arme contre lui. Ces informations et bien d'autres m'ont été divulguées, justifiant qu'après la publication d'un GoFundMe par la famille, la famille ait eu plus de liberté pour discuter de l'affaire. Et franchement, celui-là a frappé fort, sachant ce que je sais. Je ne suis pas libre de discuter de tous les détails, mais de nombreuses personnes impliquées regrettent de ne pas avoir fait plus.

J'étais au chômage, je n'avais pas d'argent sur moi, mais j'avais un petit public grâce à ma réputation de « chasseur de fantômes adolescent local ».

Alors que je faisais ce que je pouvais pour aider à collecter des fonds, mon ami m'a rendu une visite éthérée via dreamstate pour me remercier, révélant égalementraconter tout ce qui lui est arrivé. J'avais entendu dire par mes sources que la raison pour laquelle le beau-père avait agi ainsi était parce que la mère de mon amie avait découvert qu'il l'avait agressée sexuellement et elle avait demandé le divorce pour lui éloigner les enfants. Elle a également admis avoir eu le béguin pour moi à l'école avant de disparaître. Que ce soit juste un rêve ou non, la façon dont mon esprit met un terme à sa situation en sachant qu'il m'aurait été impossible de faire quoi que ce soit de plus pour l'aider... Honnêtement, je ne peux pas le dire.

J'ai ensuite essayé de faire une séance EVP, une seule fois pour voir si je pouvais confirmer que la vision d'elle que j'avais vue n'était qu'un rêve. L'audio était faible et nécessitait un travail ultérieur approfondi pour faire ressortir l'enregistrement, mais il semblait qu'une voix était présente confirmant mes soupçons. Justement, mais qui était-ce ?

22 - 30 MARS 2015 :

Vers la fin du lycée, j'ai été nommé pour faire un grand voyage en Chine. Cela aurait dû durer un an après avoir obtenu mon diplôme, mais c'était l'occasion de réaliser un élément de ma liste de choses à faire. Le voyage a été globalement incroyable, les gens étaient sympathiques, j'ai été traité comme le Bouddha qui rit. Je suis vaguement sûr d'avoir eu quelques visites pendant que cela se déroulait, la plus fréquente étant lorsque mon groupe a succombé à une probable intoxication alimentaire et a fini par être hospitalisé alors qu'il était à Xi'An à peu près à mi-chemin du voyage. La seule nourriture et boisson dans nos systèmes était le petit-déjeuner de l'hôtel ce matin-là. Le fait que nous venions à peine d'arriver à Xi'An lorsque nous avons commencé à tomber gravement malade n'a pas aidé du tout.

Les conditions à l'hôpital étaient horribles ; en sous-effectif et sale. En entrant, j'avais l'impression d'être conduit dans une boucherie. J'étais dans et hors de conscience à cause du manque de liquides dans mon système, et on me criait dessus en mandarin lorsque la ligne IV tombait. Il semblait que quelqu'un dans ma tête essayait de traduire, mais cela aurait pu être simplement dû à une torsion de ma tête. Je me souviens d'un « déplacement » dans l'espace et d'un simple « flottement » à travers celui-ci jusqu'à un poste de pilotage au look futuriste. Je me souviens d'un grand homme blond debout à côté d'une femme qui actionnait une série de panneaux holographiques. Il y a eu une brève mention du mot « triade ».

J'étais dans et hors de conscience. Du sang a été prélevé pour examiner l'exposition parasitaire, mais tous les tests qui auraient été effectués n'ont pas été concluants. Cependant, un sujet masculin a été confronté pour nous avoir filmés. Qu'est-il arrivé à cela, je ne le sais pas.

Ma grand-mère paternelle, qui a eu des expériences d'enlèvement avec Gray et des enfants prétendument hybrides et prétend pouvoir voir des « anges », a fait référence à cet incident comme étant une attaque de la mafia chinoise (comme elle l'a formulé). Je me souviens de brèves visions de ce qui ressemblait au pont d'un vaisseau spatial, mais pas grand-chose d'autre.

PRINTEMPS 2014 - HIVER 2015 :

Cela me fait vraiment de la peine d'avoir eu tant de mal à documenter correctement cette période... d'autant que cela a changé ma vision de la vie. Au moment où j'écris ceci, pour enfin reconnaître la vérité, j'ai réalisé grâce à l'aide de mon thérapeute que ma propre perception de la chronologie avait été modifiée par le traumatisme. Les cauchemars ne font que s'ajouter à ce que je me suis déjà battu pour supprimer, j'aurais aimé pouvoir faire plus pour elle.

Juste avant de partir pour la Chine, je me suis inscrit sur un forum de messagerie anonyme destiné aux groupes de soutien sur le SSPT. C'est là que j'ai rencontré une femme, elle m'avait initialement envoyé un message pour me poser des questions sur quelque chose que j'avais posté... voulant en savoir plus sur les sentiments que j'exprimais... voulant réparer le monde. Au fil du temps, nous sommes devenus proches et nous avons officiellement commencé à sortir ensemble. Le principal problème était la distance à travers le pays et le fait qu'elle avait littéralement découvert qu'elle était enceinte. La distance n'était pas trop un problème pour moi, le voyage en Chine m'a donné le virus du voyage et j'avais hâte de chercher n'importe quelle excuse pour reprendre la route. La grossesse aurait dû être un signal d'alarme, je n'étais pas prêt à être beau-père... et il était évident que je me retrouverais dans une situation assez compliquée.

Quelques mois après le début de leur relation, elle a décidé de prendre un vol à travers le pays pour venir me voir. J'étais absolument ravi de la voir en personne, mais je ne l'ai pas dit à beaucoup de gens à cause des bagages. Elle voulait que je garde le secret alors qu'elle essayait d'échapper à son ex violent afin de protéger son bébé. À notre grande surprise, le bébé semblait plutôt excité de me rencontrer car il semblait plus actif lorsque sa mère et moi parlions.

Lors de sa visite, j'ai fait quelque chose d'un peu extrême pour lui montrer que je voulais vraiment être là pour elle. Après tout ce qu'elle a partagé avec moi, il est compréhensible qu'elle ait hâte d'essayer de s'installer avec un homme. Son ex lui a fait un numéro, et elle s'engageait dans l'un des actes les plus courageux que j'ai vu quelqu'un à sa place faire... fuir comme un diable un connard abusif d'un ex pour sauver son enfant.

Cela n'arrive pas assez.

J'ai proposé. Pas de bague, pas de fleurs, pas de costume chic ni de dîner... seulement mon intelligence pour tisser une promesse qui, je l'espérais, suffirait à la convaincre. Je lui ai demandé de m'épouser avec seulementles mots que j'ai pu trouver sur le moment et elle a dit oui. En fait, je me sentais excité, l'embrassant pour la première fois alors que je la tenais en l'air. Elle me serrait plus fort que jamais pendant tout son séjour. Étions-nous déterminés à devenir quelque chose de plus ? Peut-être, si sa vie lui était enlevée par son ex. Je crois comprendre qu'elle s'est battue, mais ce n'était pas suffisant. Elle et le bébé sont morts. L'ex a ensuite été abattu par la police, probablement complètement fou.

Le prochain voyage à Paris était censé être pour nous deux.

26 MARS - 2 AVRIL 2016 :

Lors d'un voyage à Paris et à Rome, quelques incidents intéressants ont eu lieu. Je me souviens de moments où j'étais dans un vaisseau spatial, mais quelque chose d'entièrement autre s'est produit et qui est remarquable. Eh bien... deux choses se sont produites qui ont rendu Paris agréable, mais un gentleman ne s'embrasse pas et ne le raconte pas. C'était tout simplement agréable de communiquer avec quelqu'un après avoir perdu mon fiancé, même si de petites quantités d'alcool pouvaient être impliquées lors du dîner que nous avons eu ensemble. Je suppose que je devrais m'estimer chanceux qu'elle soit toujours aussi attirante que dans mes souvenirs de la veille.

Après quelques nuits à Paris, je n'ai pas été impressionné par le quartier et j'ai compris pourquoi le « syndrome de Paris » existait. Mon groupe a convaincu notre guide de nous déposer lors d'une croisière en bateau-mouche qui nous mènerait près de la Tour Eiffel. La nuit était un peu fraîche et pendant la croisière, il avait commencé à pleuvoir, la plupart s'étaient donc cachés sur le pont inférieur du bateau, laissant le dessus pour moi seul. Alors que nous approchions de la tour Eiffel, j'ai senti une tape sur mon épaule comme si je faisais obstacle à la photo de quelqu'un. Je suis allé m'écarter, jetant rapidement un coup d'œil par-dessus mon épaule pour m'excuser, et j'ai dû jeter un deuxième regard en voyant un visage familier. Mon grand-père décédé, debout à côté de ma fille Olivia. Vous pouvez imaginer ma surprise étant que cela fait un peu plus de trois mois qu'il est décédé. Il ressemblait à son jeune moi que j'ai vu sur de vieilles photos, mais il y avait aussi des différences qui semblaient déplacées. Cela signifiait qu'il y avait des caractéristiques qui semblaient un peu excessives pour les distorsions d'une vieille photo analogique... Mais la plus grande question était... qu'est-ce qu'il faisait avec ma fille ?

Évidemment, les millions de questions qui me traversaient l'esprit étaient loin d'être suffisantes pour m'enlever le plaisir de les voir. Je leur ai demandé ce qu'ils faisaient là, ce à quoi mon grand-père a répondu que j'étais sur la bonne voie et que leurs conseils n'étaient plus nécessaires. Ils pouvaient venir de temps en temps juste pour s'enregistrer, ce qu'ils ont tous les deux fait, mais il est devenu temps pour moi de prendre les rênes de ma vie. Mon grand-père a marmonné quelque chose juste avant de partir.

Il a dit qu'il était fier de moi.

À Rome, j'avais beaucoup plus d'enthousiasme en moi. L'histoire ancienne, les vues, la nourriture... c'était une expérience beaucoup plus amusante dans l'ensemble. J'ai opté pour un événement facultatif "Dîner avec des ténors", et cela n'a pas été déçu. C'est la première fois que je bois vraiment de l'alcool, je me suis dit que s'il y avait un bon moment pour satisfaire ma curiosité, ce serait pendant mes vacances et que je ne conduirais pas à aucun moment.

Pendant le dîner, j'ai laissé entendre à certains des autres qui m'accompagnaient que j'avais chanté un peu et que je pouvais jouer un peu de piano à l'oreille. En entendant cela, et en entendant que les artistes pouvaient inviter des gens sur scène, il y a eu une forte pression pour essayer de me faire chanter. Finalement, après qu'un gâteau d'anniversaire ait été servi pour un invité à une autre table et que le champagne ait libéré le chanteur d'opéra qui sommeillait en moi... J'ai été invité sur scène pour aider à clôturer le spectacle.

Même le voyage dans la Cité du Vatican était rempli de cette énergie. Si les murs pouvaient parler... ce serait stupéfiant d'entendre ce que ces murs auraient à dire. De nombreuses controverses entourent le Vatican, notamment dans les cercles du complot et de l'occultisme. Mais j'avais presque l'impression que quelque part... il y avait quelque chose lié à moi qui persistait dans l'éther.

Mais... quoi ?

JUIN 2016 :

J'ai eu une petite crise de panique avec les nouvelles que j'avais reçues. La femme avec qui j'ai eu une aventure d'un soir à Paris m'a contacté via mon site Internet. Elle avait remarqué que son corps ne paraissait pas bien et avait fait un test de grossesse qui révélait qu'elle était positive. Trop inquiète de ma réaction, elle m'a contacté pour planifier un appel vidéo pour parler de choses en tête-à-tête, car elle avait senti qu'avec son style de vie, elle n'avait pas trop de personnes dans son coin pour la soutenir. J'hésitais même à en parler à qui que ce soit, soupçonnant déjà les retours sournois sur "ne pas utiliser de protection", "elle vous arnaque juste", etc... etc...

Ce qui m'a attiré vers elle, c'est le fait que nous essayions tous les deux d'être du genre entrepreneurial. Et malgré ce que prétendent les influenceurs sur les réseaux sociaux, ce genre de style de vie est solitaire. Peu de gens veulent s'associer avec vous, surtout si vous commencez réellement à gagner du terrain. C'est un travail difficile, épuisant mentalement, et les remarques d'un public désemparé peuvent pousser quelqu'un à bout si une force mentale n'est pas développée.

Personne ne veut admettre combien de pLes personnes qui empruntent cette voie tentent de se suicider.

Je voulais attendre que plus de faits soient révélés avant de dire quoi que ce soit à ma famille, mais c'était trop gros ! Était-ce ça ? La fille que je cherchais était-elle le fruit d'une histoire d'amour exotique ? Comment pourrais-je la soutenir, elle et l'enfant ? L'un de nous devrait-il changer de pays ? Une partie de moi souhaiterait garder le silence, mais j'ai dû sortir cela de mon système parce que je n'arrivais tout simplement pas à me concentrer.

Quelques jours se sont écoulés et - censuré - m'a de nouveau contacté avec des mises à jour du médecin... c'était un faux positif. Elle a eu l'apparition d'un cancer de l'ovaire déclenchant le faux positif du test de grossesse. Heureusement, ses options étaient ouvertes en matière de traitement et elle a réussi à les surmonter, rencontrant quelqu'un de nouveau en cours de route.

13 MARS - 14 MARS 2017 :

Les préparatifs de dernière minute pour le projet thaïlandais ont commencé avec de légères interférences en raison de la compromission de ma carte de débit par un crétin de Floride qui l'utilisait pour payer des amendes judiciaires. Vraiment ironique... J'ai reçu des e-mails indiquant que ma carte avait été refusée et j'ai fait ce que j'étais censé faire pour arrêter toute utilisation. Trois tentatives ont été faites le 13 et une quatrième tentative le 14. Un seul débit a été reflété sur mon compte. Étant donné que mon relevé bancaire reflétait un service de paiement judiciaire géré en Floride, j'ai pu trouver rapidement des informations de contact sur l'entreprise dans l'espoir que cela aidera à faire avancer les choses. J'ai également pris une note auprès de ma banque pour leur faire savoir que d'autres contacts pourraient être difficiles car je ne serai pas dans le pays et le simple fait de vérifier mes e-mails pourrait être un problème en attendant les signaux Wi-Fi de notre hôtel.

16 MARS 2017 :

-censuré- a été invité à une fête d'anniversaire -censurée- le 11, et ma mère mentionne enfin ce que -censuré- avait à dire sur ce qui s'était passé pendant le gel que j'avais imposé à ma famille paternelle. Elle mentionne que son asthme se déclenche à chaque fois qu'elle est en contact avec sa mère, ma belle-mère, à cause des médicaments. Ce sera mon ticket pour enfin apporter une punition. Je devrai tester le contact élevé de mes frères et sœurs... J'ai ouvert les communications de secours afin de pouvoir rétablir la mission car j'ai semé suffisamment de confusion pour masquer mes véritables intentions. Si cela réussit, je risque de perdre ma famille, mais ce sera pour le mieux. Je ne peux pas continuer à faire cette danse.

-censuré- était encore une fois venu tenter de provoquer une altercation, tout cela parce que c'était moi qui avais fait arrêter son frère. Cela le fera probablement bannir du magasin. J'ai prévenu la direction de garder un oeil sur lui. Qu'ils choisissent ou non d'écouter est leur folie. Je ne m'inquiète pas vraiment pour lui, car mon aventure en Thaïlande est très proche !

18-20 MARS 2017 :

Enfin le voyage en Thaïlande est parmi moi. J'avais une longue journée de voyage devant moi, depuis le départ de la ville tôt pour éviter le trafic et un appel potentiel de l'un de mes emplois jusqu'aux vols et aux longues escales. Ce voyage me fera passer par San Francisco et Hong Kong avant d'arriver enfin à Bangkok. Étant donné que notre groupe était réparti dans tout l'État de l'Idaho, nous avions tous des lieux de rencontre différents. Nous avons été divisés en deux groupes, l'un qui s'est réuni à Spokane et l'autre devait se retrouver à Boise. J'étais dans le groupe Boise. En tout, nous étions 24 au total.

J'avais utilisé mes ressources pour au moins avoir une idée de qui je devais rechercher pendant que nous nous réunissions tous pour notre éventuelle rencontre à San Francisco. Je ne connaissais que 4 personnes lors de mes tournées précédentes, ce qui facilite le voyage, mais généralement, pour quelqu'un dans ma position, j'aimerais avoir une idée de qui je vais être pour ces excursions. En utilisant les adresses e-mail jointes aux messages de notre chef de groupe, j'ai pu retrouver un seul visage, censuré. Ce n'est que lorsque tout le monde fut enfin arrivé à l'aéroport de Boise, comme c'était censé le faire, que j'ai pu commencer à lire tout le monde.

La dynamique de groupe semble être bonne. Plusieurs des enfants ne voyageaient pas seuls, et s'ils le faisaient, ils ne prenaient pas beaucoup de temps pour trouver quelqu'un avec qui créer des liens. C'est une bonne mesure. Jusqu'à présent, je n'ai identifié que 4 enfants à problèmes possibles en cas d'incident ; qui semblent tous souffrir de complications mentales qui mettent même le stress sur leurs parents. L'un montre de la nervosité lorsqu'il reste très longtemps au même endroit et se plaint que les gens prennent des photos de lui sans son consentement (ce qui n'est qu'irritant puisque des concerts comme celui-ci nécessitent les deux), et les autres montrent simplement des signes possibles d'autisme. J'essaie de ne pas juger, et le profilage n'est qu'une habitude qui ne s'éteint jamais une fois que vous avez parcouru un chemin similaire au mien.

À notre arrivée à San Francisco, nous avons localisé notre chef de groupe, qui a essayé de nous rencontrer à un point de rendez-vous. Ceux qui étaient avec lui au groupe Spokane attendaient déjà à notre prochaine porte. Nous avions réussi à arriver jusqu'ici sans incident, à l'exception d'une jeune femme, -censurée-, prenant par derrière un inconnu au hasard pour notre chef de groupe et se faufilant derrière lui. Je garantis que l'homme avait une ressemblance frappante, mais qu'elle s'approchait duune affaire comme celle-là aurait facilement pu déclencher une situation hostile. Avec les menaces d'éventuelles attaques de l'EI et la méthodologie montrant que toute personne ayant des problèmes d'autorité est susceptible d'être « recrutée », je dois rester vigilant.

Une fois tout le monde installé, nous avons joué à des jeux de cartes et chargé nos appareils électroniques pour passer le temps. De San Francisco à Hong Kong, il y avait plus de 12 heures de vol (avec une escale de 6 heures). J'étais à la fois bourré et j'arrivais à peine à m'endormir. J'ai réussi à faire environ 2, peut-être 3 heures, ainsi que quelques siestes de 10 minutes réparties entre les deux. De Hong Kong à Bangkok était plus facile à gérer car il ne fallait que 3 heures environ.

À Bangkok, nous avons croisé la route d'un groupe du New Jersey qui était, je crois, sur le chemin du retour après un séjour supplémentaire. Mon groupe basé dans l'Idaho semblait avoir été placé au même étage, donc en cas d'incident, je peux joindre la plupart d'entre eux en temps opportun. Tous ne semblent pas posséder beaucoup de compétences d'autodéfense, certains ne le font que lorsqu'ils sont provoqués. Je devrai peut-être les utiliser.

Une fois installés dans notre chambre d'hôtel, nous étions censés nous retrouver pour visiter un quartier commerçant à proximité afin de trouver de la nourriture, car les repas n'étaient pas couverts pour notre première nuit en ville. Malheureusement pour moi, j'avais réveillé mon alarme trop longtemps. Pour ma défense, j'ai à peine réussi à dormir en venant ici et à la seconde où j'ai pris une douche et où j'ai pu me détendre, ma privation de sommeil a pris le dessus.

Malheureusement pour moi, je me suis senti trop à l'aise au point que mes cauchemars ont commencé à pointer leur vilaine tête. Cette fois, il s'agissait d'un accident d'avion sur le sol américain, et le thème était toujours de ne pas être assez rapide pour sauver un innocent. Je me suis réveillé alors que les corps brûlaient.

21 MARS 2017 :

Il semble qu'un membre de mon groupe de voyage soit déjà tombé malade. L'une des filles semblait avoir contracté une souche du virus de la grippe avant d'arriver ici et elle a décidé de déménager hier soir alors qu'elles visitaient le centre commercial. Nous l'avons laissée se reposer à l'hôtel et son état semble s'améliorer, mais comme prévu, elle est nerveuse face à nos choix alimentaires plus exotiques. Rien qu'en entendant que quelqu'un a succombé à la maladie, même si le mode d'infection était différent, mes nerfs ont également été mis à rude épreuve.

Quoi qu'il en soit, je ne peux pas laisser cela gâcher un bon voyage. Plus tôt dans la journée, nous avons visité le Grand Palais et le Temple du Bouddha d'Émeraude. Le paysage de la région est absolument à couper le souffle, même si le temps qui l'accompagne a réussi à enflammer certaines zones de ma peau. Voir le Temple m'a rappelé ma visite à la Chapelle Sixtine l'année dernière ; car il y avait de nombreux gardes pour faire respecter les règles d'interdiction de photographie/vidéo, d'interdiction de chaussures à l'intérieur et de silence. Les deux premières règles que j'ai mentionnées ont été facilement appliquées, comme l'ont démontré deux individus que les gardes ont fait supprimer les photos qu'ils avaient prises à l'intérieur. Le calme, ils ont été indulgents.

Après les visites des lieux saints, nous avons marché jusqu'à un service de bateau-taxi et profité d'une promenade sur la rivière Chao Phraya. De nombreux résidents locaux possèdent des maisons au bord de la rivière et la vue sur les sites architecturaux donne vraiment à l'endroit un sentiment historique. De plus, nourrir du poisson-chat dans la rivière elle-même était une expérience intéressante. Après la promenade en bateau, nous avons déjeuné dans un buffet à proximité, avant de retourner à l'hôtel pour quelques heures.

-censurée- qui se sentait mal a finalement fait son apparition avant notre dîner avec des « danses classiques thaïlandaises ». C'était bien de la voir bouger, mais comme mentionné précédemment, elle n'était pas prête à essayer quelque chose de vraiment exotique. Elle avait surtout de l'eau et quelques morceaux de pastèque. Les discussions au sein du groupe montrent qu'elle a peut-être essayé de trop manger à un moment donné, aggravant ainsi son état. Je suppose que nous devons parfois apprendre à nos dépens.

On dirait qu'un autre a été trouvé malade, probablement parce qu'il n'est pas habitué aux conditions de la région. Elle, ses frères et sœurs et leur (peut-être) mère ont choisi de ne pas participer au dîner, apparemment à cause du mal des transports. Cependant... elle ne semblait pas avoir beaucoup de problèmes avec nos vols dans la région car ils étaient assez turbulents... Il convient de noter que le deuxième enfant succombant à la maladie est l'un des « problèmes » que j'ai mentionnés précédemment.

22 MARS 2017 :

Une autre visite du temple a eu lieu aujourd'hui alors que mon groupe a profité d'un agréable trajet en bus jusqu'au Grand Palais d'Été. L'ombre des nombreux jardins nous a permis de rester au frais pour la majorité, alors que nous examinions l'architecture inspirée des styles chinois. Ensuite, nous nous sommes arrêtés brièvement pour faire du shopping avant de prendre le tramway dans un quartier historique... à vrai dire, je peux à peine comprendre notre guide et il était difficile de l'entendre à cause du bruit. Le paysage continuait d'impressionner et un vendeur de balades à dos d'éléphant se trouvait également à proximité.

Ensuite, nous avons pris un déjeuner buffet et une promenade en bateau sur le chemin du retour à Bangkok et à notre hôtel. En fait, j'ai été impressionné par la cuisine locale, l'appréciant beaucoup plus que ce à quoi je m'attendais grâce aux avertissements de Monkey Ball Soup. Jusqu'à présent, il n'y a pas encore eu d'incident similaire à Xi'an, et j'espère que cela durera pour le reste du voyage..

23 MARS 2017 :

Hier soir, c'était notre demi-dernière nuit à Bangkok. Nous aurons une nuit de plus lors de notre dernier jour. Mais aujourd'hui, nous avons pris notre bus de Bangkok à Kanchanaburi. En chemin, nous nous sommes arrêtés au musée Death Railway, au marché flottant et avons effectué une brève visite dans une plantation de noix de coco.

La plantation de cocotiers a été une expérience plutôt intéressante, car elle récolte non seulement de la végétation locale mais abrite également plusieurs animaux frais. Selon notre directeur de tournée - censuré - certains animaux constituent une aide importante dans la plantation mais sont très bien traités. Il y avait des écureuils, des poissons combattants, des poissons-chats, des anguilles, des gibbons et un gros python (qui avait l'air de venir de bien déjeuner). L'agence de voyage qui a organisé ce voyage essaie de surveiller les attractions locales pour s'assurer que tout sera sûr pour ses voyageurs et que les entreprises fonctionnent comme elles le devraient, donc aucun danger n'était présent. J'ai également pu récupérer quelques souvenirs ici.

Le marché a été une expérience intéressante. Nous y sommes allés pour un trajet de 20 minutes en klong, qui nous a fait traverser l'arrière-cour de nombreux résidents. Nous nous sommes arrêtés au marché lui-même, qui contenait de nombreux souvenirs sympas mais rien qui n'ait retenu mon intérêt. - censuré - nous a recommandé d'essayer un riz gluant à la mangue qui y était vendu, et en essayant d'être un peu plus aventureux lors de ce voyage, j'en ai eu. Alors que nous essayions de l'obtenir, une femme plus âgée m'a tendu une embuscade avec un massage au baume du tigre. Le massage était nul et mon visage de voyageur trop gentil m'a poussé à acheter quatre de ces choses stupides ; que je vais devoir jeter car je ne pourrai pas les emmener dans l'avion. Ce ne sera pas une perte d'argent puisque le taux de change ici est incroyable par rapport au dollar américain. 1 Baht thaïlandais équivaut à environ 3 cents en dollars américains.

Par la suite, le musée Death Railway a abrité des informations sur les camps de prisonniers de guerre japonais de la Seconde Guerre mondiale. Les sites représentés étaient vraiment déchirants pour les normaux. Vous commencez toujours à vous demander si les choses horribles qui se sont produites se répéteront.

-censurée- est restée près de moi pendant la majeure partie de ce voyage, disant souvent qu'elle "recherchait la sécurité auprès des personnes de grande taille".

L'hôtel que la société nous a installé à Kanchanaburi est absolument incroyable. Il s'agit d'un complexe situé directement au bord de la rivière et non loin du controversé Temple du Tigre. Notre guide a déclaré que le complexe lui-même se traduisait par « Sweet Honey Bee ». Honnêtement, cela ne me dérangerait pas si je restais bloqué ici pendant un moment, il y a beaucoup à faire ; deux piscines, un cours de tir à l'arc, un cours de paintball et de pistolet BB, la location de vélos et de VTT, un parc aux cerfs, un joli restaurant en plein air et de nombreux paysages à apprécier lors d'une randonnée. La faune ici et les décorations fantaisistes permettent de belles retouches. Bon sang, il y avait Spider-man qui traînait près du restaurant.

24 MARS 2017 :

Une merveilleuse journée en plein air, avec une baignade en rivière, un trajet en train et une randonnée sur Hellfire Pass. Ce n'était pas nécessairement une journée trop éducative, mais plutôt une journée amusante sous les tropiques pour les enfants. Je dois admettre que la rivière était un peu intimidante pour quelqu'un qui coule mieux qu'il ne nage ; mais je suis fier de moi pour l'avoir fait. Le bateau nous a fait remonter la rivière, devant une petite cascade, et nous a déposés à un point calme. La loi nous obligeait tous à porter un gilet de sauvetage (étonnamment, ils en avaient un qui me convenait) car le courant avait la réputation d'emmener les touristes sous certains bateaux et de ne pas s'en sortir. Le facteur danger m'attirait d'une manière ou d'une autre. Le danger en lui-même ne s'est vraiment présenté qu'en essayant de remonter sur le bateau car le courant devenait de plus en plus fort ET en essayant de m'arracher mon short ! Nous avons pris une de nos photos de groupe dans la cascade mentionnée.

L'élément suivant sur la liste était un trajet sur le Death Railway, un système ferroviaire construit par des prisonniers de guerre japonais. Ce fut une balade assez intéressante à travers une partie du système montagneux thaïlandais. Une immense pléthore de jungles tropicales, de singes et d'autres animaux exotiques que j'étais à peine capable de photographier. Eh bien, les éléphants arriveront bien assez tôt.

Hellfire Pass était une randonnée intéressante. Il contenait quelques restes des voies originales du Death Railway. Des monuments commémoratifs dédiés aux prisonniers de guerre britanniques et australiens se trouvaient le long du chemin. Une nouvelle exposition était en cours de construction au bas du sentier, mais il semblait qu'il faudrait attendre quelques mois avant qu'elle ne soit terminée.

25 MARS 2017 :

Aujourd'hui était un jour de transfert alors que nous nous dirigeions plus loin dans la campagne thaïlandaise. Le trajet en bus a été long et inconfortable en raison d'une blessure au coccyx que j'ai subie au dernier hôtel ; suivre certains de ces enfants me blesse littéralement. Notre premier arrêt a eu lieu dans un autre temple, connu pour ses activités de divination et de « faire un vœu ». Naturellement, je me suis essayé aux deux. La divination a été configurée pour fonctionner comme ceci : placez une pièce de monnaie dans une fente qui correspond au jour de la semaine de naissance, attendez que la lumière de la roulette en rotation s'arrête sur un chiffre, puis prenez un morceau de papier correspondant à celui-ci. nombre. Le mien a atterri sur le numéro 1 (naturellement) et, d'après la traduction de notre tournéeréalisateur, ma fortune consistait en « des rêves qui se réalisaient, rester toujours en bonne santé, chanceux en amour mais pas au jeu ».

Le « faire un vœu » ressemblait un peu plus à un rituel de prière. Il fallait payer 20 bahts pour une cloche sur laquelle on pouvait écrire son nom, sonner la cloche, puis faire son vœu face à une statue géante de Bouddha. Mon souhait était simplement que tous les membres de ma famille trouvent les réponses qu'ils cherchaient et une fin paisible pour ce qui est à venir. Je sais que cela va probablement à l'encontre de l'objectif même du souhait, après l'avoir noté dans ces pages, mais cela mérite quand même la peine d'être mentionné.

Après le temple, nous avons roulé encore 2 heures jusqu'à ce que nous atteignions notre réservation de déjeuner dans un joli petit complexe. L'aménagement de cette station rappelait beaucoup plus celui de la rivière chez nous, mais ce n'était pas la dernière étape. Il y avait une plantation de poivre près du complexe, ce qui a amené notre directeur à nous suggérer d'essayer le poulet frit. Comme une grande partie de la cuisine thaïlandaise que j'ai eu la chance d'essayer ici, je l'ai vraiment appréciée.

Dès le déjeuner, nous sommes allés directement à notre hôtel, ce qui nous a amenés à plonger directement dans la piscine une fois installés. Ces enfants vont certainement me manquer, et je devrais essayer de rester en contact avec eux tous lorsque tout cela sera terminé. On parle déjà de se revoir lors du prochain voyage de mon ancien professeur, en Écosse et en Irlande.

26 MARS 2017 :

La dépression de fin de voyage a commencé. Tout le monde a la mentalité « excité de rentrer chez soi mais triste de partir d'ici ». J'essaie de leur rappeler sans cesse que la meilleure chose à faire est de planifier le prochain voyage et de rester en contact les uns avec les autres.

Quoi qu'il en soit, nous avons visité une usine de parapluies aujourd'hui. Ils ont fabriqué des parapluies en paille à l'ancienne que l'on ne voit généralement pas en dehors des spectacles de nos jours. Plusieurs peintres étaient là et ont proposé de concevoir tout ce qui leur était donné. Bon sang, vous pouviez leur demander de vous peindre le visage si vous le vouliez. Après une visite et un arrêt au marché, certains enfants ont essayé de me convaincre de me faire peindre la tête après avoir vu une photo d'un homme plus âgé (avec une racine de cheveux similaire à la mienne) faisant de même. Je leur ai fait remarquer que la chaleur et l'humidité pouvaient gâcher le look et que notre directeur de tournée avait mentionné que les endroits où nous aimions aller à la piscine chaque fois que nous en avions l'occasion auraient le même effet, alors nous avons décidé de faire fabriquer mon étui pour appareil photo. C'était seulement 100 bahts, soit un peu moins de 3 USD.

Après l'usine Umbrella, nous avons fait un court arrêt dans une usine d'argenterie qui nous a montré un bref tutoriel sur la façon de repérer l'argent véritable avant de pouvoir faire quelques achats. Je me suis promené un peu, vérifiant certains des modèles disponibles, mais je n'ai rien acheté car la plupart des personnes pour qui j'achèterais les ruineraient probablement.

Après le dîner, notre guide nous a proposé un tour Took Took. Nous étions à Chiang Mai à ce moment-là et nos chauffeurs ont commencé à se défier. Nous avons eu 3 arrêts, deux sur les marchés et près de l'ambassade américaine, et notre dernier arrêt étant naturellement notre hôtel. Mon ami -censuré- et moi avons roulé ensemble tout le temps, et notre chauffeur s'est avéré être celui qui a poussé les autres dans la course pour nous faire faire un bon temps ; bien que l'un des conducteurs ait heurté l'arrière d'une voiture en passant.

27 MARS 2017 :

Comme je me suis fatigué des longues journées qui semblaient être une mauvaise tentative de prolonger notre voyage, j'ai oublié de tenir ce journal à jour au fur et à mesure. C'est grâce aux photos que j'ai prises que je peux noter le reste de mon voyage, les jours exacts peuvent donc être légèrement décalés.

C'était le jour que nous attendions tous, le jour où nous avons pu jouer avec les éléphants ! Tôt le matin, nous sommes partis pour un sanctuaire d'éléphants, car notre directeur de tournée a pu faire en sorte que notre groupe en particulier reste quelques heures de plus que prévu initialement, ce qui a rendu tout le monde très excité. On nous a demandé d'apporter nos maillots de bain et des vêtements de rechange, car nos activités incluraient la baignade avec les éléphants. En plus de se nourrir et d'être en présence de ces magnifiques animaux, c'était une expérience absolument incroyable. Les éléphants eux-mêmes étaient apparemment assez espiègles, en particulier Tum-Took, âgé de 18 mois. Il y avait un avertissement concernant le fait de s'approcher trop près du bébé, car il aimait serrer les gens par derrière, généralement autour du cou. -censuré- a renforcé cet avertissement en nous montrant une photo de lui dans cette même situation. Tum-Took n'essayait de blesser personne, il voulait juste jouer.

Après notre temps avec les éléphants, il était temps d'aller déjeuner dans une ferme de papillons et d'orchidées. Tous nos déjeuners étaient sous forme de buffets et, comme je l'ai déjà mentionné, la nourriture était étonnamment délicieuse.

28 MARS 2017 :

Dernier jour à Chiang Mai, le blues de l'après-voyage s'installe définitivement au sein du groupe. Nous avions encore quelques activités à découvrir juste pour ne plus penser au bout des sentiers. -censurés- nous le sentons tous assez lourd, mais nous faisons ce que nous pouvons pour profiter des derniers instants et rester en contact une fois que nous avons été obligés de nous séparerouï. Je pense que je devrais peut-être faire une dédicace de livre en leur honneur. -censuré- m'a en fait donné son email, donc je peux lui en envoyer une copie numérique gratuite pour le prouver.

Quoi qu'il en soit, notre premier arrêt était la tribu au long cou Kayaw Karen. -censuré- nous a distribué des biscuits à offrir aux enfants de la tribu. Ils ont dû recevoir beaucoup de touristes car ils avaient plusieurs magasins avec des snacks et quelques autres activités. Ils avaient même la possibilité de tester le tir d'une arbalète. Nos bus touristiques ne pouvaient pas se rendre là où se trouvait la tribu, nous avons donc dû faire du stop dans des taxis thaïlandais, qui ressemblaient à des plates-formes de transport pour les troupes.

Ensuite, nous avons visité un autre temple, le Grand Palais. Les moines fournissaient la bonne aventure, les bénédictions de l'eau bénite et le monastère offrait une vue magnifique sur Chiang Mai (si le brouillard n'était pas là). C'était très intéressant de voir les nombreuses statues et l'histoire était toujours une lecture intéressante. Je n'ai jamais compris pourquoi, mais les cultures avec plusieurs milliers d'années d'histoire ont toujours attiré mes intérêts. Les Romains, la plupart des cultures asiatiques, des choses de cette nature.

Nous avons terminé la journée par une visite au centre commercial voisin. J'ai remarqué que des avertissements concernant le trafic sexuel étaient affichés partout, donc ceux qui connaissaient mes relations comprenaient pourquoi j'avais fait ce que j'avais fait. Je soupçonnais que les filles étaient surveillées, alors j'ai fait ce que je pouvais pour que discrètement les individus qui les surveillaient se détournent.

Cette nuit-là, nous ne sommes pas retournés longtemps à notre hôtel, car nous devions prendre l'avion de Chiang Mai pour rentrer à Bangkok. Comme il s'agissait d'un vol intérieur, nous avons tous dû enregistrer nos bagages. Une fois à Bangkok, nous allions dîner brièvement dans le premier hôtel où nous avons séjourné et nous diriger directement vers le lit. Avant que je puisse m'endormir, mon propre blues d'après-voyage m'a durement frappé. J'ai commencé à pleurer à l'idée de quitter le groupe... Tout le monde allait me manquer, d'accord ?!

-censuré- a fait circuler des copies de la première photo de groupe, déclenchant encore plus le blues de l'après-voyage. Je me suis retrouvé à dire que la photo elle-même me semblait vide parce que c'était le jour - censuré - où je devais rester à l'hôtel car elle était malade, ironiquement, c'était aussi la raison pour laquelle je ressentais le besoin de veiller sur elle.

29-31 MARS 2017 :

Nous sommes partis de notre hôtel très tôt afin de pouvoir disposer de quelques heures pour nous détendre et nous repérer dans l'aéroport. -censuré- n'a pas pu nous rejoindre, mais s'est assuré de prendre des photos avec nous tous lors de notre enregistrement. Je me suis assuré d'en avoir une, au cas où je ne pourrais pas le trouver afin que lui et moi puissions rester en contact.-censuré- et mon ancien professeur a dit qu'ils essaieraient de se retrouver en ligne, et je peux utiliser cette connexion pour trouver -censuré-

Les vols étaient naturellement inconfortables. Nous avons à peu près suivi le même chemin que nous avons emprunté pour entrer dans le pays, à la sortie. Depuis Bangkok, nous avons traîné quelques heures à Hong Kong. Là -censuré- j'ai erré dans l'aéroport pour trouver un bon magasin pour manger quelque chose. -censuré- a recommandé un plat de crevettes frites au restaurant sur lequel nous nous sommes installés. Nous ne nous rendions pas compte que nous manquions de temps et que nous devions réduire nos repas. Craignant que notre temps ne soit encore plus court, nous avons fini par traverser l'aéroport en courant. Bien sûr, nous nous sommes précipités pour nous asseoir pour un vol de près de 13 heures vers San Francisco.

San Francisco était le point où les groupes de Spokane et de Boise étaient sur le point de se séparer, mais comme nous avions au moins 7 heures avant de prendre l'avion, nous avons pris le temps de passer du temps avant de nous séparer.

Puisque le groupe de Spokane était sur le point de partir, ceux d'entre nous du groupe de Boise ont décidé que nous pourrions aussi bien nous diriger vers notre porte. Je me suis confié - censuré -, juste pour me débarrasser des sentiments, pendant que nous attendions à la porte. Je pouvais sentir le voyage m'échapper, alors je me suis naturellement tourné vers des aliments réconfortants pour soulager mon estomac.

Quand nous sommes montés dans l'avion pour rentrer chez nous, j'étais coincé sur un siège près de la fenêtre. Il ne me restait que quelques heures avant de revenir à Boise et je devais dire au revoir à tout le monde. Nous sommes arrivés peu avant 22h30 et j'ai été accueilli à la sortie par ma mère et ma grand-mère. Avant de quitter l'aéroport, je me suis faufilé jusqu'à la récupération des bagages pour donner encore quelques câlins d'adieu à tout le monde. Après le retour à la maison, je ne suis arrivé que peu après 1h00 du matin le 31.

Je dois noter que l'une des mères du voyage, à qui j'ai avoué ma dépression après le voyage, a comparé ma situation à celle des soldats rentrant à la maison après s'être rapprochés des autres membres de leur unité. Il faut donc ériger le cliché « les murs autour de mon cœur » et je dois maintenir une certaine attitude, me protéger afin de pouvoir continuer et toucher plus de gens.

Quand j'ai commencé à voyager, un phénomène intéressant s'est produit : les murs sont tombés. Les instincts de protection que ma vie m'a donnés et ma formation restent là mais les murs trouvent des ouvertures en eux-mêmes et permettent aux autres d'entrer.

12 AVRIL 2017 :

Il ne s'est pas passé grand chose depuis que je suis revenu à la réalité. Un fugitif qui a provoqué une poursuite a été appréhendé, aucune mise à jour sur les incidents raciaux mentionnés dans le dernier message, pas beaucouph à mentionner. Un de mes amis de mon travail quotidien s'en va, mais rien de bien spécial. Il s'agit plutôt d'un message de réflexion...

J'ai médité sur des images de Thaïlande, car certaines de mes séances d'écriture automatique indiquaient que j'avais vu cette aventure arriver et qu'elle pourrait être liée d'une manière ou d'une autre à Olivia. J'ai juré d'avoir fait des rêves me montrant des régions tropicales luxuriantes identiques aux régions que j'ai visitées en Thaïlande. Quelque chose m'observait, quelqu'un d'apparence très similaire à l'une des filles de mon groupe de voyage. Du moins en passant...

23 AVRIL 2017 :

Cela fait presque un mois depuis mon retour de Thaïlande, et il y a eu des développements notables. Dans mes cercles sociaux, -censurés- semble également avoir cessé de communiquer après avoir appris mon inscription à un cours d'enquête privée. Bien qu'il soit un ami, il fait parfois preuve d'envie à mesure que je progresse dans la vie. Il reconnaît mon approche stratégique mais ses actions suggèrent un mécontentement sous-jacent, des conversations personnelles sur ce qui se passe dans sa vie, cependant... montrent que j'ai été aveugle à ce qu'il vit.

Passant à autre chose, je prévois de contacter -censuré- cette semaine pour obtenir -censuré-. Ils se sont montrés intéressés par le voyage en Écosse et en Irlande, particulièrement -censurés-, qui semblaient fascinés par les contes de lutins et de fées. Mon expérience dans les enquêtes paranormales pourrait piquer son intérêt.

En matière familiale, un désaccord a éclaté entre ma mère et moi lorsque j'ai partagé mon opinion franche sur l'accompagnement -censuré- à sa pièce de théâtre scolaire, que je trouvais terne. -censurée- a été empêchée de se produire à l'école en raison d'une baisse soudaine de ses notes, et je pensais qu'elle aurait dû être entièrement exclue. Une discussion plus approfondie a révélé son comportement agressif envers les autres étudiants, que ma mère rejette, probablement parce que cela renforce mon apparente « hostilité ».

Dans ma quête de lutte contre la criminalité, j'ai postulé auprès des censurés pour valider davantage mes compétences d'enquête et promouvoir mon entreprise. Ma candidature est en attente et une fois acceptée, le programme devrait prendre 3 à 6 mois. J'ai l'intention de financer mes études de manière indépendante, désireux de m'engager dans du matériel qui sera d'une utilité pratique.

Concernant les arts, j'envisage une stratégie pour augmenter les ventes de musique. Mon distributeur a récemment introduit une fonctionnalité de licence, permettant la distribution légale de reprises de chansons. Mon plan est d'intégrer des chansons sans rapport dans un récit, en commençant par "Desperado" des Eagles, "Hurt" de Nine Inch Nails et "I Don't Want To Miss A Thing" d'Aerosmith, créant ainsi l'histoire d'un hors-la-loi capturé. dans un cycle incessant d'amour et de perte.

Mon prochain livre, « Ceux qui marchent dans tous les mondes : Lover's Cry Part 2 », prend forme après avoir surmonté un grave cas de blocage de l'écrivain. Il est actuellement axé sur la perspective de l'intérêt amoureux de "A Giant's Curse", et je suis curieux de voir comment l'histoire va se dérouler.

3 MAI 2017 :

J'ai été accepté dans un programme destiné à renforcer mon entreprise et potentiellement à façonner ma carrière. Il est intéressant de noter que mes activités d'application de la loi suscitent moins de scepticisme du public, peut-être à cause de ma présence. Le programme s'est déjà révélé bénéfique, offrant des ressources pour de nouveaux équipements et techniques d'enquête. Je suis confiant dans mon choix ; cela me permet d'autofinancer mes études, d'apprendre des matières qui me fascinent en dehors du programme standard et de tirer parti de mes compétences innées. Avec la montée de l'infidélité, des crimes liés à la drogue et de la folie en général, je pourrais très bien établir mon entreprise localement.

Ce chemin présente cependant son propre ensemble de défis, mais je pense avoir quelques solutions. Comme toutes mes activités, je dois aborder chaque étape comme un risque stratégique, en planifiant autant d'imprévus que possible.

Donner la priorité à l'entretien de la voiture est actuellement pour moi essentiel pour prolonger sa durée de vie. Il semble que la voiture ait besoin de réparations mineures, comme un alignement et un remplacement du roulement de moyeu, qui sont gérables pour une personne avertie en voiture, contrairement à moi. Le bon côté des choses, c'est qu'un salaire substantiel de mon travail quotidien, y compris les heures supplémentaires, est en passe de couvrir ces coûts. J'ai également suspendu les paiements automatiques pour mon voyage en Écosse et en Irlande afin de libérer des fonds.

D'un autre côté, ma collecte de fonds pour un t-shirt pour obtenir un capital d'amorçage n'a pas été couronnée de succès, donc j'envisage maintenant de l'envisager uniquement à des fins caritatives. Cependant, j'ai découvert le courtage en valeurs mobilières comme source potentielle de financement. J'explore une plateforme qui permet d'investir dans des actions avec n'importe quel budget. Je prévois de conserver mon emploi quotidien pour assurer ma sécurité financière pendant que je me lance dans cette nouvelle entreprise. J'ai déjà investi dans un studio de cinéma appelé -censored- dont le récent film censuré- a été bien accueilli. Bien qu'il ne soit pas projeté dans l'Idaho, j'attends sa sortie en DVD et j'envisage d'augmenter mon investissement à mesure que le studio gagne en reconnaissance.

Quoi qu'il en soit, les choses sont sur le point de devenir intéressantes.

Dans l'état actuel des choses, je devrai ajuster mes différents projets en conséquence :

IN Musique - Je mets de côté les projets de reprises pour le moment. Je pourrais envisager de faire une seule chanson pour accompagner les futures sorties de livres en tant qu'élément thématique.nt, mais cela nécessite une exploration plus approfondie.

DANS Livres - Mon objectif est d'établir une nouvelle routine quotidienne comprenant au moins 30 minutes à une heure d'écriture pour répondre aux demandes croissantes. J'ai l'intention de suspendre le travail sur "The Ones Who Walk All Worlds" après la sortie de "Lover's Cry Part 2", pour explorer d'autres genres. Même si j'ai commencé hier soir à concevoir un titre pour ce journal, il semble que cette tâche devra être reportée.

IN Cinéma/Télévision - J'ai décidé de rester hors champ pour le moment. Je cherche à approfondir un rôle d'enquêteur, qui, je pense, fournira beaucoup de matière nouvelle pour l'écriture de scénarios. Je suis prêt à faire des apparitions si des opportunités se présentent, mais pour l'instant, je continuerai avec mon approche habituelle.

DANS Gaming - J'ai tenté de lancer une chaîne de jeux sur YouTube, mais j'ai décidé d'abandonner cette initiative et de continuer à jouer uniquement pour soulager le stress. Conserver mes favoris d'enfance devrait m'aider à garder l'esprit clair.

DANS Voyages - Aucun changement n'est prévu ici, à moins qu'un conflit majeur ne survienne. Les expériences sont trop enrichissantes pour y renoncer, et l'agence de voyages que j'utilise propose constamment des aventures captivantes. Le prochain voyage en Écosse et en Irlande sera probablement mon dernier avec le groupe du lycée. Le voyagiste propose différents programmes adaptés à différentes tranches d'âge, et après mon prochain voyage en Europe, j'envisage de rejoindre le circuit « College Break », destiné aux 18-28 ans. Même si j'aime accompagner les plus jeunes, il est temps que je voyage avec des pairs plus proches de mon âge.

MAI – JUIN 2017

Je suis harcelé au travail, les pneus ont été crevés deux fois. Tout cela parce que j'ai dit à un homme que je pensais être un ami et que le bébé dont sa fiancée était enceinte n'était pas son enfant. Il n'en fallait pas beaucoup pour comprendre qu'il était impliqué, ce putain d'idiot a besoin de se faire cogner la tête à cause de son comportement stupide, mais il ne pense pas vraiment avec la tête sur les épaules.

12 MAI 2017 :

Un salaud que je surveillais depuis quelques mois a commis aujourd'hui des actes de vandalisme et j'en étais la cible. Alors que je travaillais à mon travail quotidien, j'ai reçu un appel téléphonique de ma mère m'informant que TOUS mes pneus étaient à plat et que je devais sortir immédiatement. J'ai pu voir clairement les blessures d'entrée sur tous les pneus, mais une autre chose a attiré mon attention ; un visage familier m'observait depuis un camion. Le petit ami du suspect, un vieil ami du lycée, conduit une camionnette rouge d'un modèle plus ancien avec un grand drapeau américain qui dépasse du lit... le suspect m'observait depuis un véhicule portant la même description. Je vais harceler les cadres de mon travail quotidien jusqu'à ce qu'ils me laissent voir les cassettes, juste pour que je puisse confirmer mes soupçons. La femme pense probablement qu'elle s'en sortira sans problème puisqu'elle s'apprête à plaider coupable lundi prochain.

Jésus, mon ami est un crétin pathétique de vouloir rester avec cette nana.

Les motivations des actions proviennent probablement du fait que j'ai exhorté mon amie à parler de prétendues nouvelles de grossesse. Mon amie a admis qu'elle avait triché à plusieurs reprises, acheté de la drogue à un autre suspect que je surveillais, et je l'ai surprise en train de s'introduire par effraction dans le camion de mon amie la dernière fois qu'ils étaient ensemble. Il convient de noter que mon ami est également suicidaire, et la dernière fois que ces deux-là ont rompu, il est devenu très sombre. Mais à la lumière des événements récents, je l'ai classé au « Stage 2- SI », SI signifiant « idiot stupide ».

Les étrangers ne se rendent pas compte que j'ai tendance à fixer mes cibles d'attaque afin d'obtenir suffisamment de témoins pour rejeter toute spéculation d'innocence, et une fois de plus, le système a fonctionné. Je dois juste relier les preuves ensemble.

17 MAI 2017 :

Le jour de la fête des mères, mes pneus ont été à nouveau crevés, ce qui a finalement fait avancer l'enquête car il était facile de déterminer qu'il s'agissait d'une attaque ciblée. J'ai pu repérer au moins 3 suspects possibles qui traquaient la zone alors que je quittais mon travail quotidien et j'ai transmis les informations collectées à l'officier qui a pris l'affaire. J'ai également pu découvrir que le département des pneus qui travaillait sur ma voiture avait eu quelques autres incidents similaires au cours des deux dernières semaines. Alors que je parlais à l'officier hier, j'en ai parlé pour voir si elle était au courant desdits incidents, mais aucun n'est survenu. Si mon incident est effectivement lié, je devrai peut-être aborder la question sous un nouvel angle.

À la maison, ma sœur -censurée- est rentrée avec une invitation intéressante de son école. Un de ses professeurs organise un voyage de vacances d'été pour 2019 ; en passant par Paris, Nice, Florence, Pise et Rome. Le voyage est organisé par l'entreprise par laquelle mes derniers voyages ont été effectués, donc je sais déjà qu'elle sera entre de bonnes mains. Ma mère a stipulé qu'elle aurait besoin d'un chaperon avec elle pour la surveiller. Naturellement, -censuré- penchait pour que je la rejoigne. Elle est à l'âge où elle ne voudra pas avoir de parents avec elle, mais avoir son frère avec elle qui a été dans la région et qui est moins susceptible de lui faire pression tout le temps et de la laisser s'amuser est facilement le choix le plus tolérable.ce. Il y a une réunion mercredi prochain, je pourrais essayer de la faufiler aussi pour qu'elle puisse réellement obtenir les informations de quelqu'un à qui elle fera au moins (faire semblant) de prêter attention.

Ma mère a essayé de lui interdire d'y aller, mais une partie de moi se demandait si le fait de participer à l'un de ces voyages exotiques ferait du bien à ma sœur pour qu'elle se ressaisisse. Je l'ai emmenée contre la volonté de ma mère, à la seule condition qu'elle évite les ennuis. Un incident et c'était fini.

Un moment pédagogique ? Peut-être, si ma sœur n'avait pas encore été surprise en train de s'exploiter auprès des garçons de sa classe. Cela a probablement fonctionné pour le mieux... car j'ai appris que la responsable des ressources humaines de mon travail fait ce voyage chaque année.

18 MAI 2017 :

La direction m'a finalement révélé des photos de surveillance, montrant la personne qui a crevé mes pneus. Je pouvais juste identifier le coupable : un homme d'une quarantaine d'années avec un look de skateur/gang, assez stupide pour faire ses courses juste après sa première infraction. Cela modifie quelque peu la stratégie de l'affaire, mais mon action immédiate a été de m'excuser auprès de mon ami pour ma première réaction, mais pas pour mes paroles. Fait intéressant, le suspect est réapparu aujourd'hui, ce qui a permis de découvrir son identité, et mon ami a vu clairement que je l'ai vu faire signe au suspect de s'enfuir.

L'affaire se déroule.

21 MAI 2017 :

L'individu qui me visait n'a pas encore réapparu, ce qui est probablement la seule chose intelligente qu'il a faite. Je continuerai d'attendre l'occasion de prendre une photo de lui, avec d'autres sujets en question. Mais une note intéressante doit être faite au cas où cela se transformerait en quelque chose. Un homme d'une vingtaine d'années a été transporté en ambulance à l'hôpital pour une série de coups de couteau, mais rien d'autre n'a été signalé. Cela pourrait n'avoir aucun rapport, mais cela pourrait signifier qu'une confrontation entre le groupe de suspects a eu lieu. Celui qui a déclenché cette chaîne d'événements ne s'est pas présenté au travail aujourd'hui, alors qu'il avait l'air en pleine forme hier. Je devrai continuer à surveiller la situation.

Peu importe comment ça se déroule, je dois quand même continuer.

24 MAI 2017 :

J'ai fait un peu de surveillance dans mon travail quotidien dans le but de repérer, avec un peu de chance, le suspect qui a crevé mes pneus, mais je n'ai pas réussi à le localiser. Il semble que mon « ami » ait transmis la nouvelle que je cherchais une arme à feu et que le suspect avait été filmé. Cela ne fait que le souligner encore plus. Le personnel de direction a cependant montré la photo à mon oncle et il convient de noter que c'est une tromperie dans l'air. Il semble que mon « ami » ait menti sur l'identité du suspect. Je ne peux pas encore le dire avec certitude, mais c'est une évolution intéressante.

En ce qui concerne l'arme, je recherche un pistolet EAA Witness 9 mm comme arme de poing. J'en ai trouvé un à un bon prix et je parlerai à un vieil ami dans un prêteur sur gages local pour voir s'il peut m'aider avec les arrangements. Les gens devraient vraiment arrêter de sous-estimer jusqu'où je vais aller pour tenir bon, ou les gens qui m'arrêteront uniquement pour s'assurer que j'utilise les bons outils pour faire le travail.

Si vous voulez faire quelque chose, autant être intelligent.

25 MAI 2017 :

J'ai récemment récupéré une copie de "LOGAN" après sa sortie domestique. En tant que passionné de l'industrie cinématographique, je reconnais sa production exceptionnelle, mais elle suscite en moi des pensées uniques, notamment suite à l'incident du pneu.

En poursuivant sur cette voie, je me sens obligé d'incarner Wolverine, pas seulement le solitaire marqué par la bataille, mais l'arme redoutable. Je suis déjà la personne qui s'en soucie profondément, peut-être trop. C'est désormais une question de tout ou rien. J'ai besoin d'approfondir mon apprentissage : maîtriser les armes à feu, les armes blanches, l'autodéfense, les arts martiaux et les armes avancées. Je dois devenir plus fort, plus rapide, plus sage. Je dois affronter mes démons intérieurs et me préparer au combat. Wolverine fait partie de mon identité, intégré à ma marque, mais j'ai pour objectif d'évoluer vers une force sans précédent. Je dois absorber la sagesse des plus grands.

31 OCTOBRE 2017 :

Les rumeurs d'un culte satanique dans la région participant à des sacrifices d'animaux ont recommencé à refaire surface, peut-être à cause du fait que c'est Halloween. Je crois qu'il y a quelque chose dans les rumeurs, mais pour ce qui est de trouver un fil conducteur tangible sur lequel affronter la menace, cela s'est avéré difficile.

11 NOVEMBRE 2017 :

J'ai contacté un vieil ami, qui m'a demandé de participer à une chasse depuis que je l'ai rencontré il y a environ 5 ans, pour discuter des détails de l'enquête sur le voyage dans le temps et voir s'il pouvait prouver d'autres idées pour améliorer les chances déjà minces. de réussir un tel coup. Il n'a pas apporté beaucoup d'informations à ce sujet, mais a évoqué une autre situation à laquelle il était confronté et à laquelle j'aurais peut-être pu apporter une aide. Il pensait être traqué par une entité connue sous le nom de « Hat Man ». Des témoignages oculaires, dont le mien, le décrivent comme une personne de l'ombre qui semble porter un trench-coat et un chapeau de type fedora. D'autres incluent des détails d'yeux rouges brillants, un costume, une mallette et même une canne.

Beaucoup de gens croient que « l'Homme au chapeau » est un porteur de malheur... qu'il aime semer le chaos. Lela vérité est qu'il peut simplement sentir quand quelqu'un est soumis à un stress émotionnel important et qu'il aime faire bouger les choses un peu. J'ai des raisons de croire que « Hat Man » était autrefois humain, mais c'était un véritable connard. J'ai eu une altercation avec lui à mes débuts, juste au moment où je faisais face aux actions de mon père. C'est grâce à cette rencontre que j'ai pu trouver comment me débarrasser de lui, ce que je lui ai transmis. Dis juste au gars de se faire chier.

Les détails exacts sont beaucoup plus difficiles mais c'est l'idée de base. Le « Hat Man » est un tyran surnaturel, donc lui dire de se faire foutre en fait partie, mais il existe des processus entiers pour éliminer complètement de telles menaces surnaturelles. Je pourrai inclure quelque chose comme une « encyclopédie paranormale » dans la « Frandsen Files Initiative » lorsque je me mettrai enfin à l'écrire (Peut-être plutôt une sorte de recueil...)

Devenir le spécialiste de l'étrange

24 NOVEMBRE 2017 :

Restes de -censuré- trouvés il y a 3 semaines identifiés, la fuite n'a pas été rendue publique -censuré-. Il s'avère qu'il s'agit d'une affaire de personnes disparues datant de 2 ans dans un comté voisin. Femme, début de la vingtaine, une récompense en argent pourrait être disponible, je devrai peut-être aider à approfondir cette question dans les circonstances.

25 NOVEMBRE 2017 :

Officiellement, dans le cadre d'une enquête sur des détails clés - censurés - sur les événements ayant conduit à sa mort, la première priorité est de retrouver le reste d'elle.

Je ne peux pas me débarrasser de l'idée de « censuré », alors je prends officiellement le cas en main. J'ai fait un petit historique de la victime et j'ai pu trouver une chronologie des événements ayant conduit à l'enquête initiale. Il semble que deux suspects soient déjà en ligne ; l'un étant un ex petit ami qui a engendré le bébé de la dame qui n'a pas vécu plus d'un mois, et l'autre étant un nouveau fiancé qui purge actuellement une peine pour des accusations de drogue et pour échapper à la police.

Selon les informations, il y aurait eu une altercation entre les deux messieurs auparavant, car l'ex avait tenté de la convaincre de ne pas emménager avec son nouveau fiancé. Une enquête plus approfondie déjà effectuée a révélé que les vêtements de la victime ont été trouvés à un endroit -censuré- J'ai quelques idées, mais rien ne peut être prouvé sans-censuré-

26 NOVEMBRE 2017 :

J'ai eu une communication possible avec la victime à travers une vision en état de rêve, on dirait que l'esprit essaie de prendre contact depuis que les restes ont été retrouvés, le gars qui l'a tuée déjà en prison doit trouver -censuré-

28 NOVEMBRE 2017 :

Recherche - censuré - qui ne révèle presque rien. J'ai de plus en plus le mauvais pressentiment qu'il s'agit de quelque chose de plus qu'un simple triangle amoureux devenu fatal.

2 DÉCEMBRE 2017 :

Il y a eu une fusillade quelques instants avant que je me gare sur le parking de mon lieu de travail. La police d'État avait organisé une opération de lutte contre la drogue qui avait mal tourné, dans l'espoir d'ajouter des accusations supplémentaires étant donné que mon lieu de travail se trouvait en face de l'un des lycées locaux. Un suspect a tenté de pénétrer dans le magasin pour tenter de se cacher de la police, sans se rendre compte que le magasin avait commencé à verrouiller ses portes à minuit en réponse au vol. Les deux suspects ont été appréhendés, l'un d'eux blessé par balle par la police.

23 DÉCEMBRE 2017 :

Ma tante a partagé un enregistrement vocal d'une séance médium où elle prétendait entendre la voix de mon grand-père. Intrigué, j'ai mené ma propre séance audio et j'ai reçu un message me demandant d'arrêter de déranger ma tante, rappelant étrangement la voix de mon défunt grand-père.

De plus, une autre voix a émergé, prétendant être celle d'une jeune fille disparue dont le crâne a été récemment découvert. Elle a exprimé sa conscience de ma recherche et a indiqué qu'elle essayait de me guider.

27 DÉCEMBRE 2017 :

Demande de tueur à gages

Une femme avec qui je parlais sur un site de rencontres a mentionné qu'elle vivait avec des parents violents et qu'elle me demanderait si je tuerais ses parents pour elle. Évidemment, j'ai coupé mes liens sur-le-champ. Quoi qu'il lui soit arrivé, honnêtement, je n'en ai aucune idée... probablement pour le mieux, si cela reste ainsi. Sérieusement, à quel point faut-il être foutu pour essayer de convaincre un type au hasard en ligne d'assassiner votre famille. J'ai discuté de la situation avec un de mes contacts avec la police et ils m'ont dit qu'ils examineraient la question.

24 JANVIER 2018

Expérimentation du sceau d'ange.

En utilisant les sceaux du livre « Angelic Sigils, Keys & Calls de Benn Woodcroft » et en prenant des éléments de conception des sceaux de communication des Clés de Salomon, j'ai conçu un sceau de protection que j'ai surnommé « Les murs d'Eden ». La puissance de cette chose ne sera pleinement démontrée que des années plus tard.

19-28 MARS 2018

Terre → Voyage en Écosse et en Irlande, Nessie et Crowley

Mon dernier voyage avec mon groupe de voyage était une tournée en Irlande et en Écosse. Mon plan initial n'était pas d'y aller, mais j'ai rapidement changé d'avis en apprenant que la dernière étape du voyage était au Loch Ness, un endroit que j'ai toujours voulu visiter dans l'espoir de voir Nessie.

Une partie de mon attention a été détournée parce que j'étais en pleine rupture à ce moment-là, mais dans l'ensemble, le voyage a été incroyable.

Avant le jour où nous sommes allés au Loch Ness, nous avons visité des endroits à travers l'Irlande et l'Écosse.souvenez-vous de brèves images de la vue d'un engin dans le ciel. J'aurais également une vue sur le paysage comme si j'étais à bord des navires susmentionnés. Par exemple, j'ai été emmené au-dessus des eaux du Loch Ness quelques jours avant que notre groupe ne fasse le voyage officiel et on m'a montré les fortes concentrations de quartz dans la région.

Quand nous sommes arrivés au Loch, mes yeux n'ont jamais quitté l'eau. Et à ma grande surprise, un gros animal aquatique a percé la surface alors qu'il tentait d'éviter un hors-bord noir. J'ai fait de mon mieux pour prendre des photos, avec seulement deux montrant le gros objet dans l'eau, mais rien qui définisse clairement de quoi il s'agissait.

J'ai signalé mon observation au registre du Loch Ness à notre retour à l'hôtel et l'histoire a commencé à devenir un peu virale alors que j'étais dans l'avion pour rentrer chez moi. J'ai également appris que j'avais peut-être reçu une aide surnaturelle de mon arrière-grand-mère, décédée de vieillesse environ une heure avant mon arrivée au Loch Ness.

Les pages suivantes présenteront des photos potentielles proches de « Nessie ». C'était le mieux que je pouvais obtenir dans les circonstances, mais indépendamment du fait d'avoir un assistant surnaturel ou de ne pas obtenir quelque chose du premier coup, alors que d'autres peuvent passer des décennies sans rien montrer, c'est impressionnant. L'épreuve a réussi à attirer l'attention des producteurs pour une émission spéciale du National Geographic intitulée "Drain the Oceans".

Alors que nous nous préparions à quitter le Loch Ness, nous avons aperçu la maison d'Aleister Crowley où j'ai juré de voir une silhouette masquée qui nous regardait. Faute d'un meilleur terme, la silhouette ressemblait à une cape de membre du KKK. Si c'était monsieur Crowley... je serais plus intrigué d'explorer cela sans que les enfants ne traînent autour de moi.

NOVEMBRE - DÉCEMBRE 2018

Après qu'une chaîne YouTube appelée -censurée- (une impliquant la famille de la femme disparue) ait raconté quelques incidents me concernant, j'ai été contacté par un homme qui pensait qu'il pourrait être possédé par un grand être ressemblant à un chien démon, qui lui a fait conclure un contrat de sang alors qu'il était dans un état de rêve.

Ce qui a retenu mon intérêt, c'est l'affirmation selon laquelle, au réveil du rêve, le client a affirmé que sa main était complètement déchirée, comme s'il venait de briser une vitre. Encore plus troublant était l'affirmation selon laquelle les animaux se comportaient bizarrement, comme s'ils étaient effrayés par un prédateur suprême.

Les coups de coude dans mon ventre m'ont dit de prendre cette affaire, quelque chose était authentique. Des développements ultérieurs ont identifié l'être comme étant Vapula. Toutes les méthodes pour tenter de gérer la situation à distance ne fonctionnaient pas, cet incident allait devoir nécessiter une séance personnelle. Très vite, cela a dégénéré en un violent exorcisme qui a failli aboutir à une combustion spontanée, la peau de l'homme a commencé à se cloquer comme s'il avait été exposé à une chaleur extrême. Finalement, l'être a rompu la connexion, s'échappant de la pièce sous la forme d'une masse sombre avant que les liens appropriés puissent être complétés. Pour l'instant, l'enfant était en sécurité. À ce jour, je ne suis pas sûr de ce qui a attiré cette chose chez l'enfant. Il n'y avait aucun signe de consommation de drogue, d'abus, d'alcool, rien de tout cela. Il s'agissait principalement d'un enfant stressé par les examens universitaires.

Environ deux semaines plus tard, dans un état de rêve, j'ai eu la vision de marcher dans ce qui ressemblait à un camp d'internement abandonné avec plusieurs années de prolifération. Pendant que je le traversais, j'entendais une radio diffusant ce qui ressemblait à de la musique des années 40. J'ai trouvé une pièce avec la radio au sol et je suis entré. Immédiatement, des parasites ont traversé la musique et je l'ai reconnu comme quelque chose qui établissait un contact. Vers l'arrière de ma tête, j'ai senti une autre transmission essayer de passer, m'avertissant qu'il s'agissait d'un piège. Celui qui passait par la radio n'a pas semblé enregistrer l'avertissement alors qu'il continuait d'essayer de me narguer. J'ai exigé que l'être s'identifie à nouveau, évoquant le cliché « au nom du Christ », et cela n'a fait que l'énerver davantage.

L'être a sauté de la radio, enroulant ses mains autour de ma gorge, grognant d'une voix basse et rauque : "C'est la salope de Vapula !" La prochaine chose que j'ai su, c'est que j'étais plaqué au mur de ma chambre par le cou par une grande masse d'ombre, et elle se serrait plus fort. Ce n'était plus un rêve...

J'ai attrapé la main de cette chose, essayant de respirer encore quelques bouffées d'air. Sa « peau » ressemblait au cuir d'un animal mangé. J'ai réussi à marmonner les mots : « Michael... aide-moi... maintenant ! Je pouvais voir le visage de cette chose regardant le plafond avec peur. La prochaine chose que j'ai su, c'est qu'une lumière jaillit de mes yeux et de ma bouche, Valpula a juste poussé cet énorme cri, semblable à un troupeau de porcs abattus en même temps. J'ai rapidement perdu connaissance.

Le lendemain matin, je me suis réveillé par terre et je suis sorti dehors pour vider les poubelles. Ma voisine m'a approché pour me demander ce qui se passait parce que quelque chose dans ma maison effrayait ses chiens, elle a même mentionné avoir vu la lumière et entendu les cris d'un animal en train d'être massacré. Elle connaissait également mes efforts surnaturels, plaisantant souvent sur le fait que je devrais conduire une Chevrolet 67. C'est alors que j'ai remarqué que mon cou avait encore des marques rouges appartenantà la main de quelqu'un, ou plutôt de quelque chose, de beaucoup plus grand que moi. À la vue des marques, ma voisine a failli sortir les yeux de son crâne. Je l'ai juste laissé à "Il vaut mieux que vous ne le sachiez pas. J'espère que ce que c'était, c'est fait", et j'ai vaqué à mes affaires.

Les semaines suivantes, les discussions furent silencieuses sur les longueurs d'onde surnaturelles, pensant peut-être que j'avais besoin de temps pour comprendre ce qui s'était passé. Au moment où quelqu'un est arrivé, une voix masculine m'a dit que la rumeur s'est rapidement répandue selon laquelle j'avais grièvement blessé Vapula, et j'ai ressenti une nouvelle peur à mon égard. Des anges, des esprits ordinaires... ils savaient qui j'étais et semblaient parfois intimidés à mesure que l'histoire se propageait. Apparemment, « l'autre côté » est rempli de potins. Bien qu'intimidés, ils savaient qu'on pouvait me faire confiance. Quant aux « démons », ils auraient peur de s'approcher.

Qu'est-ce que je suis ?

DÉCEMBRE 2019

La chasse aux Terres Infinies était en cours. Une procédure expérimentale pour utiliser des méthodes simples de chasse aux fantômes, un peu de magie et une planification intelligente pour entrer en contact avec des êtres d'autres mondes... peut-être même des « Terres alternatives ». Je savais qu'il serait imprudent de simplement laisser une invitation ouverte, cela implique simplement trop de risques et la situation en Chine sème déjà suffisamment de malheur pour que les êtres les plus sombres se déplacent plus librement. Je prévois que cela ne fera que s'aggraver.

En ce qui concerne l'expérience, après quelques recherches minutieuses, j'ai choisi trois cibles potentiellement viables sur lesquelles me concentrer. Fixer l'intention à ces individus contribuerait à prévenir les interférences. Une partie de moi ressentait le besoin d'obtenir une aide extérieure afin d'obtenir la force nécessaire pour sortir du monde. Un instinct immédiat était de rechercher les traditions entourant les anges, en s'installant sur l'archange Métatron pour ses idées sur les événements du monde. Il semblerait que l'ange avec un « vrai visage » de la taille de la Terre aurait également des vues sur des dimensions alternatives. J'apprendrais plus tard que le Métatron pourrait en fait être une sorte de fréquence naturelle en ligne avec la Source... une ligne directe vers toutes les autres fréquences.

Quant à mes cibles, j'avais besoin de celles qui avaient une sorte de visite ou d'interaction avec CETTE Terre... et ce soit un cas préalablement documenté. Sinon, cela augmente les chances d'infiltration. Pour cette expérience, j'ai choisi trois individus qui conviendraient parfaitement, s'ils étaient réellement réels.

Vrillon - Un ET prétendant être connecté au Commandement Galactique Ashtar qui a détourné les dessins animés du samedi matin en 1977 au Royaume-Uni. Témoin par des centaines

Val Thor - Un Vénusien qui a passé cinq ans au Pentagone, un équipage de cinq personnes, dont sa femme Jilian

John -censuré- - Un personnage potentiel de bande dessinée prend vie, les écrivains basent son personnage sur des pratiques vraiment occultes et jurent jusqu'à ce jour qu'ils l'ont vu en chair et en os.

Chaque individu a été soigneusement étudié et sélectionné sur la base du fait que son cas individuel contenait plusieurs témoins oculaires, voire des preuves physiques d'interactions dans notre monde. Cette mesure à elle seule témoignait d'une augmentation des chances d'interaction. En utilisant Metatron comme antenne parabolique interdimensionnelle, cela permettrait en théorie une communication plus forte et plus stable. Quelles autres règles ai-je dû prendre en compte ? Difficile à dire, pas comme s'il existait un manuel sur ces choses.

Mais voici les résultats correspondant :

Si Vrillon pouvait m'entendre, je me laisserais aller à la messagerie vocale... pour ainsi dire. J'ai appris des années plus tard que le Commandement Galactique Ashtar n'interagit pas avec les civils. Il est donc fort possible que cette interaction ne soit pas due au fait que j'étais un individu aléatoire.

En contactant Val Thor, les communications semblaient un peu plus actives. Certaines bandes audio ont été effacées et un petit engin sphérique est apparu alors que je visitais le parc éolien local avec ma famille. Certaines sessions audio ultérieures effectuées après la découverte des fichiers corrompus ont indiqué un échange hostile mais les choses ont rapidement été réglées.

Le plus étrange de tout. Des sessions audio faibles, des voix correspondant à la description du personnage, mais un seul enregistrement laissé via une source anormale de parasites a laissé un message clair comme le jour "Si vous pouvez m'entendre, -censuré- vous veut"

À ma grande surprise, -censuré- a été le contact le plus réussi, et il est apparu dans quelques autres cas où une affaire a tourné au sud, offrant ainsi ses compétences. J'ai contacté quelques scénaristes impliqués dans les intrigues originales, et ils m'ont conseillé d'être prudent car -censuré- n'est pas un homme de confiance et il me baisera dès que cela lui profitera.

MARS - AVRIL 2020

Terre - États-Unis - Idaho → Caroline du Nord

Alors que les confinements liés au COVID commençaient à être mis en place dans mon État d'origine, on m'a demandé d'apparaître dans une émission de parodie paranormale intitulée Conspiracy Cases. C'était quelque chose d'un peu différent de mes appels habituels, alors je suis allé de l'avant et j'ai pris la route. Ce n'était qu'à deux heures et cela m'a donné l'occasion de passer un week-end. Le tournage n'a duré que quelques heures dans un ancien abri anti-bombes à Boise et pendant mes jours de congé, pas mieux.il est temps de le faire.

De plus, cela m'a donné l'occasion de visiter un zoo local et de retourner au pénitencier de l'État de l'Old Idaho pour revenir là où j'ai appris qu'il y avait une vie après la mort. Étant donné que j'étais seule pour le week-end, je voulais avoir la chance d'aller visiter des endroits à Boise que je n'avais normalement pas l'occasion de visiter lorsque j'étais avec ma famille et que les femmes voulaient juste faire du shopping. Une virée shopping ne me dérange pas, mais il y a tellement plus à faire !

Alors que j'étais considéré comme un « travailleur essentiel » et capable de continuer à travailler malgré la pandémie, j'ai décidé de commencer à réaliser des documentaires à domicile pour perfectionner mes compétences et peut-être essayer quelque chose de nouveau. Le fait que j'avais un intérêt personnel lors de rencontres précédentes a été mis au premier plan de mon esprit avec une augmentation des rapports faisant état de son apparition. Il pensait que le monde deviendrait fou et qu'il émergerait pour voir tout cela se dérouler.

Au cours de mes recherches, un article sur Reddit faisait des comparaisons entre le -censuré- et un être de la mythologie de Brenton connu sous le nom d'Ankou, qui est essentiellement un type de Faucheuse. Lorsque je suis descendu dans ce terrier de lapin, l'une des histoires d'origine de l'Ankou était que l'être n'était autre que le fils aîné d'Adam et Ève. Caïn, de Caïn et Abel. Quand j'ai lu ceci, je jurerais avoir entendu un rire maniaque.

Presque comme dans un film, un appel téléphonique est arrivé sur une « hotline » que j'avais brièvement mise en place alors que je rentrais à la maison vers 3 heures du matin. Un père de Caroline du Nord appelait frénétiquement tous les groupes paranormaux et exorcistes cherchant de l'aide concernant un être qui concentrait son attention sur le fils de l'homme alors âgé de 3 ans. À la seconde où j'ai entendu sur le message vocal laissé qu'un enfant était impliqué, j'ai immédiatement rappelé le père.

Une conversation de près de quatre heures détaillant presque tous les clichés (odeurs, griffures, voix, ombres, une pièce « morte » où la vie semblait être vidée par quiconque entrait). mon vieux dit : « Pose ce putain de téléphone ou je te tue, salope. »

Inutile de dire que j'étais pleinement convaincu qu'il s'agissait d'un appel légitime. J'ai obtenu plus d'informations du père. Il a précisé que cet être existait apparemment depuis un certain temps, puisque le père était adolescent, et qu'il avait proposé un poste de « général d'une armée ». Étant donné qu'il y avait un effort évident de la part de l'être pour établir une sorte de relation, j'ai demandé au père s'il avait déjà prononcé son nom.

Le père, ne connaissant pas les noms bibliques, ne comprenait pas la signification de ce nom mais je le connaissais bien.

L'être s'est identifié comme étant Caïn.

Naturellement, la présence du premier meurtrier au monde serait déstabilisante pour quiconque. J'ai calmé le père et lui ai envoyé des instructions détaillées pour rompre les liens avec Caïn alors qu'il terminait le déménagement. Jusqu'à présent, aucun autre incident n'a été signalé et la famille vit dans une nouvelle maison ici dans l'Idaho.

La même semaine après cette révélation, un visiteur est apparu dans ma chambre alors que je rentrais du travail. Il était juste après 3 heures du matin, j'étais presque battu et je me dirigeais directement vers le lit. Alors que j'entrais dans ma chambre, j'ai vu une femme sortir de ce qui ressemblait à un portail qui se fermait. Le simple fait de sentir l'énergie émanant d'elle était écrasant.

Ce n'était pas qu'elle était négative, bien au contraire, elle était très maternelle... sa fréquence indiquait qu'elle était ancienne. Elle s'est identifiée comme étant Eve, comme dans L'Ève du jardin d'Eden. Elle ressentait le besoin de me montrer quelque chose en relation avec Caïn, quelque chose qui, selon elle, m'aiderait à comprendre à qui et à quoi j'étais confronté.

Eve a posé sa main sur ma tempe, me montrant instantanément le jardin d'Eden à travers ses yeux... Caïn n'était pas le fils biologique d'Adam... Adam le savait et a été le premier beau-père violent... Caïn a été manipulé pour tuer son frère, se ranger du côté des forces les plus obscures... avec qui était-il du côté ?

Il me semblait familier, presque identique à « l'homme dragon » que j'ai vu le jour où ma belle-mère m'a poignardé... c'était il y a si longtemps. Eve semblait me connaître, me connaître, savoir que j'étais quelqu'un qui pourrait probablement aider à inverser la tendance... pourquoi ?

Parce que, selon elle, je ressemblais beaucoup à son fils, mais je suis devenu quelque chose de meilleur, comme elle l'espérait.

NOVEMBRE - DÉCEMBRE 2020

À l'approche de Noël, ma grand-mère et ma mère essayaient de réfléchir à une sorte de plan pour éloigner ma jeune cousine, censurée, de sa mère. Il y a eu des indices inquiétants d'abus odieux de la part du dernier boytoy de ma tante et père présumé de ses deux plus jeunes enfants. Ils vivaient dans un quartier -censuré- à l'époque, à environ trois heures de route de chez moi. Les visites étaient rares. Tout ce dont je savais avec certitude, c'est que les enfants de ma tante ne tentaient pas de mettre fin à leur propre vie avant l'arrivée du « beau-père ». Eh bien, dans les 24 heures, -censuré- a appelé ma grand-mère et lui a demandé de venir rester avec elle parce que sa mère l'avait jetée. dans un asile de fous pourdisant que son « beau-père » l'avait agressée et lui avait dit - censuré - qu'elle ne pouvait pas rentrer à la maison.

C'était après que -censuré- ait contacté DEUX FOIS pour obtenir de l'aide parce que sa mère laissait cette merde lui faire du mal.

On se fait -censurer-, on découvre tout ce qui s'est passé. -censurée- nous a contacté à plusieurs reprises auparavant pour essayer de nous parler des abus qui l'avaient poussée à envisager le suicide, tous les messages étant immédiatement transmis aux autorités. Heureusement, j'ai été « banni » de chez ma tante peu de temps après. Mais l'étendue de ce que -censuré- avait révélé en toute honnêteté faisait que c'était probablement pour le mieux que je ne revoie plus jamais ma tante.

-censurée- a été libérée de l'établissement de santé mentale pour une pause de deux semaines, qu'elle a passée chez moi. Apparemment, c'était censé être un peu de vacances pour les patients de longue durée afin qu'ils puissent passer du temps avec leur famille et rassembler leurs affaires. Ma tante n'a même pas laissé autant à mon cousin. Tout ce désordre était navrant à regarder.

Quand -censuré- est parti, j'ai eu honnêtement le cœur brisé. C'était l'une de mes cousines dont j'étais le plus proche, et savoir que quelqu'un avait délibérément laissé cela se produire aurait rendu toute défense pour « crimes passionnels » sans objet si je devais faire quelque chose. J'avais besoin d'une distraction, de quelque chose pour ne plus penser à quel point -censuré- j'avais besoin d'aide, mais je ne pouvais rien faire. J'ai reçu une notification sur Twitter concernant un groupe paranormal international, -censuré- à la recherche de membres, et j'ai compris ce que c'était. Je me suis inscrit, j'ai rapidement gravi les échelons, puis... eh bien... j'ai été témoin d'une bataille entre le paradis et l'enfer.

C'était la guerre

JANVIER 2021

Ma tentative de réaliser un documentaire, "La chasse à Olivia", a été reprise par un nouveau service de streaming basé sur le paranormal, avec des images d'enquête supplémentaires. Mon attention a été attirée sur cette plateforme de streaming par l'un des anciens dirigeants de "The Company" qui m'a demandé de l'aider à monter quelques clips d'enquête pour lui. Travailler avec cet homme a conduit à certains conflits, et ne sachant pas à qui faire vraiment confiance sur ces questions, je me suis éloigné et j'ai poursuivi mes propres intérêts. Était-ce une décision judicieuse à prendre ? Probablement pas, on n'en a pas tiré grand chose mais c'est quand même bien de sortir et d'expérimenter.

14-15 FÉVRIER 2021

Je rendais visite à un ami à Coeur d'Alene pour le week-end de la Saint-Valentin. Pour -censuré-, j'ai réussi à avoir accès à un réseau Wi-Fi décent afin de pouvoir assister aux diffusions en direct que nous avons organisées pour promouvoir l'entreprise. Nous parlions d'actualités d'entreprises, de cas de recherche, de diverses formes de phénomènes, etc...

Je poursuivais mes recherches pour le documentaire -censuré-. -censuré-était basé à l'échelle internationale et rassemblait des reportages du monde entier. Apparemment, une affaire - censurée - avait émergé, ce qui a incité l'entreprise à allouer des ressources à l'échelle de l'entreprise pour découvrir la vérité. Lors de la diffusion en direct, il semblait que quelqu'un n'était pas content.

Des ombres courant autour des gens, des voix mystérieuses, des grognements, tout cela a commencé à effrayer le public, mais c'était loin d'être le pire. Sachant que j'avais de l'expérience dans ce domaine, le PDG m'a demandé de parler de ma théorie dominante sur le sujet. Quand j'ai dit que le -censuré- était Caïn, la bataille avait commencé.

Au Royaume-Uni, l'un de nos membres m'a envoyé un message concernant une sensation de brûlure autour de la gorge et il crachait du sang.

Un autre membre a affirmé qu'une énorme rafale de vent avait traversé sa porte d'entrée, suivie d'ombres et d'une profonde sensation de froid et d'effroi.

Au Texas, une femme a affirmé avoir vu trois êtres l'évaluer. La peau autour de sa gorge semblait se comprimer comme si une main invisible l'étouffait.

En Virginie occidentale, une autre femme avait une rougeur et un essoufflement autour de la gorge.

Idaho, j'ai commencé à ressentir des picotements dans ma colonne vertébrale, une surcharge de mon système. Honnêtement, j'avais l'impression d'avoir eu une crise. J'ai dû me déconnecter pour me recalibrer. Sur l'autre écran que j'avais, j'ai vu d'autres personnes tomber, laissant les trois débordés. Tandis qu'un des gars, -censuré- qui restait, commençait à suggérer de mettre fin au stream, en récapitulant les événements, un autre monsieur, -censuré- a commencé à se comporter de manière étrange. -censuré- s'est penché vers sa webcam, comme s'il essayait de regarder « à travers l'écran », mettant immédiatement la peur en -censuré-. Si l'on devait décrire l'ambiance provenant de -censuré-, ce serait mieux de décrire comme "J'ai gagné, que vas-tu faire maintenant?"

Pendant un bref instant, j'ai remarqué quelque chose. Alors que -censuré- allait mentionner mon nom, -censuré- tressaillirait comme si la simple mention de moi déclenchait une réponse de type SSPT. -censuré- a répété mon nom et la même chose s'est produite. J'avais peut-être un moyen d'en finir avec ça. Mon problème était que -censuré- avait plusieurs jeunes enfants dans la maison et qu'il suivait et arrêtait la chimio, cela aurait pu mal tourner très rapidement. Mais l'inaction était la seule chose qui garantissait un résultat pire.

J'ai laissé un message "Laissez-moi entrer, je peux mettre fin à ça" dans le chat en direct, car il n'en restait que deux à l'écran. -censuré- était parti, laissant -censuré- avec notre -censuré- à l'époque. -censuré- essayait de faire parler -censuré- mais ses mots tombaient suroreilles sourdes. Ma connexion Internet a tenu et j'ai pu intervenir. -censuré- a rapidement montré sa peur mais a essayé de la cacher.

«Je sais qui tu es. Je sais ce que tu veux. Laisser. Lui. Aller."

-censuré- secoua lentement la tête non.

"Maintenant," résonna ma voix.

L'être qui a pris l'influence du -censuré- a rompu la connexion, mais loin d'être volontaire. Il a fallu quelques minutes à -censuré- pour se ressaisir et le livestream a continué.

Avant le début de la récréation, j'ai demandé -censuré- ce qu'il avait vu pendant qu'il était sous, ce à quoi il a simplement répondu "Tu sais déjà".

FIN FÉVRIER 2021

Alors que des progrès étaient réalisés pour aider à guérir les personnes les plus touchées par l'assaut de Caïn - censuré -, il y eut la visite d'un groupe plutôt inhabituel. Potentiellement Lucifer lui-même. Lucifer semblait inquiet pour l'un des membres les plus lourdement touchés par l'agression, ainsi que pour l'absence de l'entité qui l'accompagnait liée à cet individu, qui s'identifiait comme étant Lillith. Lucifer implorait une faveur, faisant appel au côté de moi qui avait commencé à ressentir des sentiments romantiques - censurés

- pour justifier ma participation à ce qui équivaudrait à une mission de sauvetage. Lilith avait disparu. -censuré- n'était même pas capable de la sentir. Il y a eu une coupure délibérée... Lucifer avait une idée approximative de l'endroit où elle était partie mais quelque chose l'empêchait de se rapprocher de Lilith. C'est là qu'il avait besoin de mon aide. Je pouvais sentir que cet être, qu'il soit LE Lucifer ou non, était authentique dans ses supplications... en fait, j'avais l'impression qu'il craignait que je puisse lui faire du mal.

C'est sous ce prétexte que j'ai accepté.

L'instant d'après, Lucifer a posé sa main sur mon front et nous avons été transportés dans un endroit sombre. Il me semblait... briller... la lumière de mon être illuminant mon environnement. Il y avait des chuchotements, des gouttes d'eau résonnant dans des systèmes de grottes élaborés. Il semblait que nous étions entrés sous terre, mais l'état dans lequel je me trouvais donnait l'impression que l'espace était beaucoup plus vaste que ce à quoi je m'attendais.

J'ai suivi Lucifer sur quelques marches, voyant des vignes agrippées aux murs, jusqu'à ce que nous atteignions une grande ouverture dont Lucifer semblait protégé. Il ne pouvait pas passer, malgré tous ses efforts, mais la barrière ne me gênait pas.

Je continue ma route et trouve une ouverture éclairée par une grande flamme. Une rivière traversait, d'autres plantes ressemblant à des vignes poussaient dans les environs, le tout menant à une grande pierre plate où une femme s'allongeait sur le côté. C'était Lilith, battue et secouée par Caïn. Il m'a fallu un certain temps pour être convaincu... le fait que -censuré- me considérait comme un ami et que la possession ait révélé que Caïn avait peur de moi, il ne m'a pas fallu grand-chose pour atteindre Lilith. Elle s'est excusée... la situation était tout simplement trop grave, m'assurant qu'elle reviendrait - censurée - dans quelques jours. C'est alors que la vision provoquée par Lucifer s'est arrêtée...

Le lendemain matin, j'ai reçu un SMS -censuré- confirmant que Lilith était bien revenue. D'après -censuré-, Lucifer a confirmé avoir sollicité mon aide.

Mais où m'a-t-il emmené ? Enfer ? Enfers ? La Terre intérieure ? Avec tout ce qui s'est produit, je réévalue presque tout.

Février - mars 2021

Ce qui suit est un rapport récapitulatif des événements pendant et après les attaques -censurées- :

Entité : -censurée-

Alias : L'Homme de l'Ombre

Seigneur des Ombres

La mort

Emplacement : mondial

Classification : Entité intelligente dangereuse

Probablement des Néphilim

Potentiellement divin

AVERTISSEMENT:

Cette entité a démontré son potentiel à causer des dommages importants, voire la mort. Ceux qui pensent qu'ils ne sont peut-être pas dans le meilleur état d'esprit devraient probablement éviter de lire ce texte en détail car cela pourrait faire de vous une cible vulnérable. L'Homme au chapeau est très intelligent, probablement plus âgé que presque toutes les pratiques religieuses connues de l'homme, et s'est avéré capable de presque toutes les formes présumées d'attaque spirituelle. Les informations personnelles impliquant diverses personnes seront mentionnées dans ce rapport à des fins de simple documentation et de référence uniquement. Ces informations ont été partagées par les personnes en question et ne visent en aucun cas à discriminer l'une d'entre elles. Pour la sécurité des civils extérieurs à l'entreprise et qui n'ont pas fait d'apparition publique, les noms ont été modifiés.

Résumé:

Identifié pour la première fois par l'auteur - censuré - est une entité qui rend visite à d'innombrables personnes apparemment à des moments de traumatisme personnel. La plupart des témoins oculaires rapportent qu'il apparaît à des moments de mauvaise santé mentale, de violence domestique et de consommation de drogues. On dit souvent qu'il apparaît dans le lit de la nuit dans la chambre de sa cible et qu'il regarde simplement. Il est également connu pour se présenter sur des lieux de tragédies importantes qui peuvent répondre aux circonstances mentionnées ci-dessus. Il semble plus courant que les individus signalent des visites de cette entité juste au moment de la puberté. -censurée- a mis en place un point de contact sur son site officiel pour envoyer des rencontres avec l'entité ou demander son aide. Elle a également publié deux livres sur l'entité, les personnes fantômes en général et la manière de les gérer. Sa publicationL'entreprise et elle-même ont également déposé les termes - censurés - prétendument dans le but de limiter la désinformation afin d'éviter de nouveaux préjudices aux victimes potentielles.

Rencontre personnelle :

Je ne sais pas depuis combien de temps cette entité me surveille. La première fois que je peux expliquer quelque chose de similaire à sa présence, c'était à peu près à l'âge de trois ans. C'était après que ma belle-mère ait failli me prendre la vie, mais j'ai pu me défendre. À l'âge de quatorze ans, j'avais appris que mon père était accusé d'avoir agressé sexuellement l'une de mes sœurs ; et cela a incité une autre visite de cette chose. Seulement cette fois, il a parlé, me proposant de le rejoindre en échange de la mort de mon père. Quant à quoi, je ne sais pas. D'autres voix ont transpercé la mienne alors que je lui criais de s'enfuir, et cela a semblé le dissuader.

D'autres fois, lorsqu'il est apparu, les circonstances étaient liées à de nouvelles violences domestiques, à des tendances suicidaires, à des épisodes violents et psychotiques, etc... Pour référence de lieu - l'incident impliquant le couteau et ma belle-mère a eu lieu en novembre 1999. En 2001, j'ai d'une manière ou d'une autre transporté 30 miles loin de chez soi. Heureusement, l'endroit où je suis arrivé était la maison de mes grands-parents, probablement en réponse à un éventuel traumatisme (une téléportation psychique ou un enlèvement extraterrestre a été suggéré). Lorsque j'ai appris les accusations portées contre mon père et l'accord qui a suivi, c'était en juin 2012.

Recherche préliminaire :

En dehors du livre de -censuré-, peu d'informations étaient présentes pour bien comprendre cette entité ou ses motivations en dehors des sentiments de malaise que de nombreux témoins prétendaient ressentir. Comme il s'agissait d'une tendance continue, l'enquête officielle, sous le titre "Spécialiste de l'étrange" et d'autres titres précédents, a été suspendue jusqu'à nouvel ordre. La procédure standard consistait, et à bien des égards, à guider les clients pour qu'ils surmontent les traumatismes qui auraient pu déclencher les apparitions de Hat Man. Finalement, il perdra pouvoir et intérêt. Avec ce voile de mystère, il semblait que l'entité était relativement inoffensive, juste un personnage qui se réjouissait suffisamment des malheurs pour pouvoir l'influencer à venir. Même les mentions de cette entité, et éventuellement d'un phénomène connexe, sont censées attirer de nouveaux problèmes.

Un changement :

Pendant des années, j'ai mis de côté l'enquête sur cette entité car rien de nouveau ne semblait surgir. Cependant, lors d'une conversation informelle avec mon ex, -censurée-, on m'a parlé de sa rencontre avec la -censurée-. Chose intéressante, cela a montré une déviation de comportement. Lors d'une visite à un ancien petit ami à l'été 2015, elle a rapporté que quelque chose lui avait claqué la porte de la salle de bain et l'avait maintenue fermée.

C'était exact puisqu'une apparition d'ombre correspondant à la description de la personne censurée a sorti un couteau et s'est précipitée sur son ancien partenaire. Inutile de dire que la relation n'a pas duré très longtemps par la suite. -censuré- a réussi à répondre à tous les critères mentionnés ci-dessus pour la victimologie -censurée- faute d'un meilleur terme. Elle présentait des signes apparents d'agression sexuelle durant son enfance et des relations manifestement tendues avec ses parents. Gravement maltraité lorsqu'il était enfant, au point qu'il manquait de gros morceaux de mémoire.

Comme c'est malheureusement courant pour la plupart des jeunes femmes de cet état d'esprit, elle a fréquenté des relations abusives qui peuvent ou non lui avoir inconsciemment rappelé cette époque. Elle n'a jamais eu le courage de partager avec moi l'intégralité de ce qui s'est passé, mis à part le sentiment d'être déclenché à la vue des scènes de "kill room" de la série Showtime "Dexter". Le récit de cette rencontre a suscité un intérêt accru pour le phénomène, car toute déviation différente fournirait une meilleure compréhension. Les comparaisons entre d'autres témoignages oculaires – censurés – suggèrent que très peu de changements dans le modus operandi. Cependant, un autre schéma directement lié aux épisodes de paralysie du sommeil suscite encore plus de curiosité.

Cela impliquait une « ombre grande et mince » se tenant au-dessus d'un témoin soit juste avant de s'endormir, soit avant d'être sorti d'un sommeil profond sans être pleinement conscient. Il convient de noter que ces visions sont qualifiées d'hypnagogie ou d'hypnopompe (selon que le sujet s'endort ou vient de se réveiller, respectivement). Pour ceux qui ne connaissent pas les termes hypnagogie ou hypnopompique, ceux-ci décrivent un état d'esprit hallucinogène. Ceux-ci amènent les visuels d'un état onirique à projeter toujours les visuels d'un rêve sur le monde éveillé pour les profanes. Ceux qui sont familiers avec la réalité augmentée connaissent peut-être mieux les concepts. Comme de tels états sont souvent déclenchés par le stress, la possibilité que cette entité fasse également son apparition à peu près au même moment n'est pas exclue, sinon une hallucination complète d'un cerveau surchargé.

Épidémie:

La folie de la pandémie de COVID-19, et l'année 2020 dans son ensemble, ont finalement renversé le cours de l'enquête. J'ai laissé un message sur Reddit demandant des histoires relatives au -censuré- Une réponse d'un utilisateur anonyme m'a orienté vers la mythologie bretonne pour voir des versions de ce que la plupart seraient familiers sous le nom de "GrimFaucheur" ou autrement un serviteur de la Mort elle-même. Cette version est connue sous le nom d'Ankou. Comme pour la plupart des versions de mythologies à travers le monde, il existe des variations régionales. L'Ankou est parfois décrit comme un homme ou un squelette avec une robe noire et un grand un chapeau pour cacher son visage. Parfois, il peut même apparaître comme une apparition d'ombre. Une histoire qui tente d'expliquer les origines de l'Ankou déclare que c'est la dernière personne, généralement un homme, à mourir l'année précédente. dit qu'il peut y avoir plusieurs Ankou à une fois, chacun qui reste dans une région spécifique. Le plus intéressant des contes est peut-être que l'Ankou n'est autre que le fils aîné d'Adam et Ève, alias le père du meurtre ;

À la lumière de ces informations, des recherches supplémentaires devaient être menées sur les événements survenus dans le jardin d'Eden qui ont conduit Caïn à devenir meurtrier. Il est essentiel de ne pas se concentrer sur un seul texte religieux. Au lieu de cela, analysez tous les récits pour avoir une idée de la façon dont l'Homme au chapeau pourrait être connecté s'il existait un potentiel pour être un vestige des débuts de l'humanité. En regardant dans la tradition juive, une information sur le serpent dans le jardin d'Eden était intéressante. La plupart penseraient au serpent dans le jardin comme étant nul autre que Lucifer. Cependant, ce n'est pas le cas, mais il s'agit très probablement d'une erreur d'identité. Lucifer est répertorié comme un ange déchu, oui. Quel que soit le texte religieux que l'on lit, il n'est pas le personnage auquel on peut penser aujourd'hui en association avec « Satan ». En parcourant les traductions hébraïques de divers textes, on constaterait que "Satan" était, en fait, utilisé comme verbe pour désigner un "adversaire, adversaire, etc..." Seulement lorsqu'il était préfixé par "Ha", comme dans "Ha Satan". ", le mot sert de nom ou de titre.

En ce qui concerne les premières traductions de textes judéo-chrétiens, une seule entité a été appelée ainsi directement. Cet être s'appelait Samael, un archange qui régnait sur la Mort elle-même et qui était supposé être le « père biologique » de Caïn. Au bout de deux semaines, un appel téléphonique est arrivé sur ma hotline, alors que je rentrais du travail, concernant une famille de Caroline du Nord. Immédiatement, l'ambiance générale de l'appel a simplement chanté que quelque chose de sinistre se passait. Quelles que soient les questions en jeu, mes obligations morales m'ont obligé à approfondir la situation. Le client a mentionné que tout ce qui était attaché à lui semblait se concentrer sur son fils de trois ans. La conversation a duré environ trois heures. Une fois que suffisamment de temps et d'efforts ont été consacrés à établir la confiance avec le client, il a partagé tous les signes typiques d'influences démoniaques. Odeurs étranges, rayures profondes, objets projetés, presque tous les symptômes classiques.

Lorsque le client, le père de la famille, était seul à la maison, une entité particulière correspondant à la description - censurée - s'asseyait apparemment et discutait avec lui des sujets que le père aimait.

Lorsque quelque chose disait du mal de l'entité, des objets semblaient être lancés vers les gens pour les avertir de ne pas parler. Il y avait aussi une pièce particulière dans la maison, que la femme appelait la « Chambre Morte », où il semblait que le simple fait d'y entrer rendrait physiquement malade. Alors que nos discussions se poursuivaient, il a admis qu'il y avait eu un incident au cours duquel cette entité l'avait attrapé par le cou au milieu de la rue et l'avait projeté contre une voiture à proximité. À l'autre bout du fil, j'entendais le monsieur traverser sa maison. Alors qu'il marchait pour laisser le chien de la famille dehors, une voix secondaire émergea, celle d'un petit enfant.

La famille était composée d'un mari, d'une femme et d'un enfant de trois ans. La femme et l'enfant avaient déjà été transférés dans une ville de l'Idaho. Après avoir interrogé le mari sur la voix, il a demandé si elle ressemblait à celle d'un enfant de cinq à sept ans. Apparemment, la femme avait fait une fausse couche au cours de cette période. Il n'est pas rare que des enfants victimes d'une fausse couche rendent visite à leurs futurs parents. Le fait que l'enfant présumé ait crié les mots : « Si tu ne raccroches pas ce téléphone maintenant, petite salope, je vais te tuer, putain », était un signal d'alarme suffisant pour justifier une étude plus approfondie. J'ai demandé au mari si, à tout moment au cours de ces conversations, l'entité s'était identifiée. De toute évidence, l'entité essayait d'établir la confiance, donc si vous voulez être ami avec quelqu'un, vous devez évidemment connaître les noms de chacun. Le nom donné était « Caïn », et Caïn essayait de recruter le mari en lui promettant de devenir « général » dans son armée (comme le disait le mari). J'ai fourni à la famille un sceau de protection que j'ai conçu avec l'aide de l'archange Michel. Il a été initialement conçu en réponse à une affaire survenu à Pittsburgh pour aider une famille traquée par l'âme corrompue d'un violeur et meurtrier d'enfants. Cette affaire a attiré l'activité OVNI tout au long de sa durée et a même attiré l'attention d'Ed et Lorraine Warren.

Au moment de la rédaction de ce rapport, on ne sait pas si ces faits sont pertinents en dehors du simple fait d'illustrer l'ampleur de l'affaire. L'esprit négatif était un homme qui avait probablement violé uned a assassiné deux jeunes filles connues. Une fois le sceau administré, l'activité a pris fin dans ces deux cas. Quant à la famille de Caroline du Nord, il convient également de noter que le père m'a avoué avoir expérimenté l'usage récréatif du DMT dès mon plus jeune âge. Le DMT est un produit chimique que certains pensent être lié au phénomène spirituel. Le fils avait montré très tôt une « sensibilité » aux éléments paranormaux, qui pourrait avoir été influencée par l'utilisation de DMT par son père (qui s'est produite bien avant la naissance de l'enfant). Pourtant, il est probable qu'il s'en sortira avec le temps.

Quelques jours après la rencontre avec la famille en Caroline du Nord, un personnage est apparu dans ma chambre et m'a proposé de révéler des informations utiles à l'affaire. Son apparence était courte, mesurant environ cinq pieds de hauteur. Caché sous le voile d'ombre qu'il projetait, j'ai juré de voir les courbes d'une femme. Les yeux du personnage semblaient apparaître en premier sur la couverture, avec un sourire doux et accueillant. Je pouvais distinguer plus de détails sur son apparence alors qu'elle se révélait. Elle avait l'air d'origine moyen-orientale, avec des yeux bruns étincelants, une peau olive et des cheveux noirs bouclés. Je lui ai demandé son nom, et sa réponse a été : "J'ai eu beaucoup de noms, mais vous me connaissez sous le nom d'Eve." Eve s'est approchée de moi, a posé sa main sur ma tempe et a commencé à me montrer des visions de ce que je ne pouvais que supposer être le jardin d'Eden. J'avais un sentiment de familiarité comme si j'y étais auparavant. Eve a commencé à me guider à travers sa liaison avec Samael. Elle a montré comment Adam l'a maltraitée, elle et Caïn, à cause de l'épreuve, Caïn éprouvant un profond ressentiment et une colère qui grandissaient avec les abus. Finalement, elle lui montra un claquement.

Abel était le jeune frère ennuyeux typique qu'Adam préférait et semblait se vanter d'être l'enfant « préféré ». C'est à ce moment-là que Caïn fut poussé à assassiner son frère, ce qui entraîna la fameuse malédiction. Par la main d'Ève, j'ai pu voir l'acte se dérouler. Abel a réussi à porter un bon coup en lançant une pierre au visage de Caïn. En réalisant ce qui s'était passé, Abel a essayé de demander grâce, ce qui n'a fait qu'irriter davantage Caïn. C'est probablement la véritable origine de la « Marque de Caïn ». Les observations du « vrai visage » d'une figurine de Hat Man mentionnent d'éventuels tissus cicatriciels sur le côté droit du visage. Un mois plus tard, une femme me contacte au sujet de publications en ligne. J'ai fait des histoires curieuses sur Hat Man et j'ai demandé si je savais quelque chose. En apprenant que j'avais fait un épisode de mon podcast dédié à mes découvertes jusque-là, elle a insisté pour l'écouter avant de me parler. Elle est vite revenue vers moi, effrayée, m'expliquant qu'elle recevait la visite de cette chose au moment où son fils de 5 mois est né. Elle a eu peur lorsque l'entité semblait se concentrer sur le bébé. Cependant, elle était encore plus nerveuse à l'annonce de la véritable identité de Hat Man étant Caïn, car c'était le nom qu'elle avait donné à son enfant. On lui a administré le sceau pour aider à repousser l'enfant et n'a plus eu de rencontre avec l'entité.

Entrez « LA SOCIÉTÉ » :

J'ai utilisé mon service de gestion des médias sociaux pour publier fréquemment un avis sur mes différentes pages. Il s'agissait de commencer à rassembler davantage d'histoires pour préparer un documentaire potentiel afin d'explorer davantage le phénomène au-delà du récit « il est juste méchant » qui est actuellement présent. En collectant davantage d'histoires, -censurées- a lancé un effort mondial visant à recueillir plus d'informations sur l'entité. Au début, une tentative a été faite pour parler directement à Heidi. Malheureusement, son dépôt de marque par le terme a rendu toute discussion au-delà inexistante. Son raisonnement derrière cette décision était d'utiliser des méthodes juridiques pour freiner la propagation de fausses informations susceptibles d'entraîner des préjudices supplémentaires, voire la mort. Cependant, sa manière de parler laisse entendre qu'elle cherche davantage à capitaliser sur sa « découverte ». Comme tel était le cas, l'enquête a avancé. La première priorité était d'établir une chronologie du lieu et du moment où cette chose est apparue et de recueillir des témoignages complets de témoins oculaires. J'avais des doutes sur cette approche. Cela semblait fortement enraciné dans des épisodes impliquant des traumatismes graves qui sont souvent obscurcis lorsque l'esprit tente de se protéger. Pourtant, c'était la meilleure chose à faire. Beaucoup ont commencé à simplement copier et coller des rapports à partir de publications sur la page de médias sociaux Reddit, dont certains étaient tirés de réponses à mes publications. Cette approche peut paraître assez simple au novice mais prouve évidemment, en partie, le principal défaut qui me préoccupait. Grâce à une séquence d'attaques les 12 et 13 février lors de diffusions en direct sur la chaîne YouTube - censurée -, ces questions ont été rapidement oubliées.

Comme si c'était commodément planifié, la plupart des dégâts ont eu lieu le 13 lorsque l'entité a éliminé les membres du panel un par un, parcourant apparemment des milliers de kilomètres en quelques minutes. Cela a conduit un membre, censuré, à devenir possédé et rapidement exorcisé à l'antenne ; et la clôture officielle de l'enquête. Dans les semaines qui ont suivi, l'équipe a été confrontée à des quantités inhabituelles de mtraumatismes entaux au sein de l'entreprise. L'un de ces membres doit même prendre un congé pour raisons de santé mentale en raison de circonstances personnelles, -censurées-. L'analyse des enregistrements audio que j'ai collectés lors de ces attaques a renvoyé les messages « Arrêtez de nous chasser », « Déchirez-le » et les noms de deux membres explicitement désignés comme cibles. Ces membres ont été -censurés-.

Il est probable que plusieurs entités soient apparues sur ces enregistrements, même celles qui ont tenté d'aider l'équipe. Une autre membre, -censurée- qui était au centre de l'attaque, a affirmé qu'elle s'était retrouvée avec des baby-sitters désignées par les -censurés-. En raison des comportements hostiles des -censurés-, on ne sait pas si ces rapports sont exacts ou non. Malheureusement, l'hypothèse la plus sûre à cet égard serait de supposer qu'elles étaient en fait fausses. Il est préférable de consacrer les efforts à aider davantage les autres victimes. Une dernière partie à noter est qu'un autre membre qui ne faisait pas partie du panel, -censuré- a également été attaqué alors qu'il tentait d'effectuer des protections Reiki. En comparaison, l'attaque était mineure, avec des symptômes s'apparentant à un léger coup de soleil. On lui a rapidement conseillé de s'éloigner pour se protéger et protéger ses jeunes enfants.

Dans le noir :

J'avais le pressentiment que Hat Man n'allait pas simplement nous laisser tranquilles. C'est quelque chose qui pourrait simplement se déplacer vers la gauche et voir le monde entier de sa victime, jusqu'à chaque mouvement de ses organes internes et chaque petite pensée de son esprit. Faites le bon pas et c'est à des milliers de kilomètres.

J'ai poussé l'enquête plus loin, rassemblant davantage de rapports de rencontres et des tendances plus inquiétantes sont apparues. L'une impliquait un jeune homme qui avait juré de se venger de l'entité pour la mort de son père et de son meilleur ami. Une autre impliquait une mère inquiète pour sa fille de trois ans qui criait fréquemment : « Va-t'en, homme de l'ombre ! Ce serait juste avant qu'elle prétende que quelque chose l'a poussée dans les escaliers. Une autre femme a déclaré qu'elle avait fait face à des visites intenses de personnes de l'ombre avant qu'un contact minimal ne soit maintenu avec - censuré - pour respecter leur besoin de guérison. Toujours sous le choc de l'expérience, probablement en raison de rappels de traumatismes passés, -censuré- a fait effacer tous les enregistrements de l'entité des systèmes -censurés- pour éviter d'encourager des individus non préparés à lancer une autre attaque. Je ne sais pas si c'était une coïncidence ou si c'était par un lien psychique, mais après quelques semaines, un travail avait été fait pour commencer à rompre les énergies sombres entourant les deux - censurées -. Des énergies occultes ont été travaillées en réponse à la rupture des connexions, en commençant par les -censurés- car elle affirmait que les -censurés- laissaient derrière eux d'autres -censurés- pour la surveiller ainsi que l'équipe. J'ai tenté de conclure un accord avec le -censuré- qui lui offrait une chance de répandre sa terreur sans avoir à lever le petit doigt, en échange de son retrait du -censuré-.

Il s'agissait de gagner du temps, puis d'orchestrer une contre-attaque intelligente contre le -censuré- pour le rendre impuissant en dehors de ses fonctions potentielles en tant que version de la Faucheuse. En quelques heures -censuré- nous avons signalé que les entités avaient disparu. Apparemment, il y a eu une conversation entre les entités qui impliquait la mention de « Celui qui sait ». Après que -censuré- ait été informé de l'accord, elle a pensé qu'ils parlaient de moi. J'ai réfléchi à une idée présentée par -censuré- d'utiliser une pratique occulte pour créer une forme de -censuré- pour combattre toute nouvelle attaque. Un autre sceau a été conçu pour aider à créer l'être, qui sera plus tard surnommé le « Chevalier de la Lumière ». Le nom a été choisi par contraste poétique pour renforcer l'intention d'être une entité protectrice ; Lier les énergies de l'archange Michel pour contrer l'influence potentielle du seul être connu sous le nom de Satan. Quelques semaines après la diffusion de cette image, la femme dont l'enfant était traqué par un censuré s'est manifestée et le Chevalier de la Lumière Sigil a mentionné que sa fille de quatre ans avait affirmé avoir été sauvée par le « Chevalier de la Lumière ». Le plus curieux, c'est que lors d'un appel vidéo, la petite fille m'a vu à l'autre bout du fil et s'est excitée en criant : « Maman, c'est le chevalier. Aucun autre incident n'a été signalé. Au cours de la même semaine, censuré, il a commencé à se remettre lentement de ses traitements, suffisamment pour faire davantage d'apparitions dans la société. Il a été constaté à quelques reprises qu'une ombre pouvait être vue derrière -censurée-, l'observant. On suppose qu'il s'agit de la même « observateur » que -censuré- avait rencontré chez elle.

Des mois plus tard, alors qu'il était dans les coulisses d'un aftershow après un enregistrement de -censuré- il a ajouté qu'il avait voulu aborder le sujet des anges pour une raison étrange et qu'ayant été fan de mes œuvres précédentes via le réseau de streaming paranormal -censuré- la discussion a changé. dans ma première rencontre avec la petite fille connue sous le nom d'Olivia. En entendant cette discussion, -censuré- s'est manifesté en faisant des rêves impliquant une étrange petite fille qu'il n'avait jamais rencontrée auparavant. Lorsqu'il donna une description approximative de ce que la petite filleOn dirait que cela a déclenché suffisamment de familiarité avec moi pour enquêter davantage.

Comment pourrais-je faire ça ? Eh bien, comme par hasard, j'ai un oncle du côté de ma mère - censuré - qui ressemble physiquement à mon frère jumeau. En grandissant, nous étions tout le temps confus les uns avec les autres. -censuré- a trois enfants, un garçon et des jumelles fraternelles, qui non seulement semblent pouvoir être les miennes, mais qui ont toutes eu des phases où ils m'appelaient papa. J'ai sorti une photo de bébé d'une des jumelles et, censurée, j'étais hystérique. La photo du bébé était presque identique à la fille qu'il avait vue, mais il affirmait que la visiteuse de ses rêves avait quelques années de plus. J'ai cherché une photo de moi et des deux filles, qui avaient environ trois ans à l'époque, et - censurée - j'ai encore plus paniqué. La seule autre personne qui croyait avoir vu Olivia a été -censurée-, l'idée précédemment répandue selon laquelle ma fille potentielle n'était visible que par la famille de sang a été rejetée lorsque -censurée- s'est manifestée. La raison pour laquelle ce n'était pas -censuré- était parce qu'elle et moi avions découvert que nous avions des héritages génétiques similaires, donc la possibilité que nous soyons liés de manière lointaine a été réfléchie mais n'a pas encore été prouvée. -censuré- fournirait également encore plus d'informations.

Lorsque l'enquête sur Hat Man a commencé -censurée-, elle était la seule membre à faire état d'une expérience antérieure avec l'entité, qui impliquait des attaques physiques survenues alors qu'elle avait environ quatorze ans. Elle se souvenait également de cauchemars où elle était assise dans l'obscurité totale et voyait le vrai visage de Hat Man la regardant d'en haut. D'autres cauchemars qu'elle croyait liés à l'entité partageaient tous le même thème général, celui d'être seul en temps de crise, reflétant peut-être les peurs intérieures de ne pas être « assez bien » pour des relations saines. Après l'attaque, elle a dû prendre un congé -censuré- afin de faire face à des problèmes de santé mentale. Par respect, j'ai choisi de ne pas entrer trop dans les détails sur les problèmes, car ils ne sont pas pertinents par rapport à la situation actuelle, et de respecter sa vie privée.

Chose intéressante, une nuit, j'ai fait un rêve qui reflétait les cauchemars récurrents - censurés - que j'avais partagés, ceux où elle serait seule dans le noir avec l'Homme au Chapeau qui la regardait d'en haut. Seulement cette fois, j'ai pu intercepter le rêve, et m'approcher de l'être par derrière pour l'attaquer. Dès le lendemain, -censuré- a commencé à communiquer davantage avec les membres de l'équipe. Quand j'ai pu lui parler -censuré- et j'ai découvert que non seulement nous étions proches en âge (elle étant née en décembre 1995 et moi en janvier 1996) mais que nous avions des profils très similaires en astrologie, en capacités psychiques et en génétique. patrimoine. Nous avions tous les deux des attachements avec des entités fortes, souvent considérées comme des pôles opposés.

Des recherches plus approfondies via (9-5-8) / ont permis de découvrir qu'elle et moi étions à peu près à la même distance d'une ligne tellurique mineure. Ces connexions ont été supposées permettre à -censuré- et moi-même de nous envoyer des messages via l'application Necrophonic, et à Olivia de faire des apparitions entre nous deux. C'est grâce à la censure que j'ai pu obtenir suffisamment d'informations pour restituer une image d'Olivia grâce à des applications similaires utilisées pour vieillir les photos d'enfants disparus. Lors de l'enregistrement d'épisodes de leur podcast, ils ont réussi à capturer la voix d'une petite fille disant « Ding dong » comme si elle essayait d'attirer leur attention, ainsi que ce qui ressemblait à une « Maman » fatiguée. La deuxième EVP capturée a déclenché des spéculations selon lesquelles - censurée - pourrait être sa vraie mère, mais il s'est vite avéré que cette théorie ne tenait pas beaucoup la route car des informations ont été avancées suggérant la possibilité qu'Olivia ne voyageait pas seule. L'image de -censurée- a également été utilisée pour restituer l'image d'Olivia, à laquelle -censurée- confirmera plus tard qu'elle correspond exactement.

Deux possibilités ressortent de ces informations. La première étant qu'Olivia n'était pas seule, mais qu'elle était guidée par « maman ». Des rapports d'individus affirmant être sensibles aux énergies paranormales ont été rapportés, déclarant qu'Olivia semblait tenir la main de quelqu'un mais que le témoin ne pouvait pas voir de silhouette. La deuxième possibilité, qui peut encore avoir du mérite, est que -censurée- ait une certaine ressemblance physique avec la vraie mère d'Olivia et qu'Olivia elle-même puisse avoir des problèmes de vision. Une connexion entre -censuré- et moi-même serait davantage testée lorsque -censuré- un message d'urgence commençant par "Appelle Dakota, je pense que je viens de voir Olivia."

-censuré- avait mentionné qu'une petite fille aux cheveux blonds avait été aperçue autour de chez lui, avant de me rencontrer, il est donc possible qu'Olivia veille sur certaines personnes depuis un certain temps en plus de me rendre visite. Le message d'urgence contenait un SOS qui détaillait - censuré - qu'Olivia avait vu Olivia quelques instants avant d'être attaquée et potentiellement possédée par une entité fantôme. Quand la possibilité de possession a été présentée, -censurée- et j'ai commencé à travaillersur un exorcisme à distance pour rompre la connexion avec -censuré-. J'avais un Necrophonic en cours d'exécution qui m'a permis de surveiller la situation. Olivia a signalé que la connexion avec -censuré- était coupée et qu'il allait bientôt appeler -censuré- et moi. C'est à ce moment-là que nous avons appris que -censuré- était physiquement obligé d'éviter le téléphone à tout prix, ressentant la sensation que quelque chose grandissait. de plus en plus en colère quand il pensait à m'appeler à l'aide. L'image rendue d'Olivia a ensuite été montrée -censurée-, ce à quoi il a confirmé avec la distinction qu'il n'avait pas vu clairement son visage.

La fille à papa... venue de l'espace ?

À ma connaissance, Olivia est apparue pour la première fois dans ma vie à l'âge de douze ans. Bien qu'avec les événements récents, elle soit peut-être là depuis plus longtemps, bien que la possibilité d'un voyage dans le temps laisse l'établissement d'une chronologie presque impossible. Olivia apparaissait au hasard chaque fois que mon esprit glissait dans un endroit plus sombre, afin de m'offrir des mots d'encouragement. Trois autres incidents ont eu lieu où Olivia apparaissait pour m'avertir d'une mort prochaine, soit pour me proposer son soutien, soit pour me prévenir d'un danger imminent. Rendu de « Olivia Hope » basé sur un total de 13 témoins.

La deuxième rencontre a eu lieu le jour où j'ai perdu mon grand-père maternel, le père de ma mère, à cause d'un cancer. Elle est apparue et m'a proposé de me laisser utiliser sa vue pour voir les derniers instants de mon grand-père via un voyage astral. J'aurais été personnellement dans la pièce, mais en tant que frère aîné, j'étais chargé de garder les plus jeunes et les chiens enfermés dans une pièce séparée pour éviter qu'ils ne gênent le personnel d'urgence. Elle et moi ne nous rendions pas compte que mon grand-père était dans un état qui lui permettait de la voir dans la pièce. Le troisième a eu lieu en octobre 2014. J'ai eu un accident de voiture, heurté par une camionnette roulant à 60 mph.

L'impact a été suffisamment violent pour que je perde connaissance. Cependant, je crois sans aucun doute qu'Olivia est apparue dans la voiture quelques instants avant l'impact, criant « Papa ! Attention!" La troisième a eu lieu en avril 2016, alors que j'étais à Paris, en France. Mon groupe était en croisière fluviale pour admirer le spectacle de lumière de la Tour Eiffel quand soudain il a commencé à pleuvoir. Le groupe et d'autres sur le bateau se sont cachés dans le pont en dessous pour se cacher des éléments pendant que je restais à l'extérieur. Une tape sur mon épaule m'a d'abord donné l'impression que je faisais obstacle à la photo de quelqu'un. Quand j'ai regardé en arrière pour voir de qui il s'agissait, j'ai été choqué de voir que c'était mon grand-père qui se tenait aux côtés d'Olivia. Ils ont tous deux mentionné qu'ils n'allaient pas me rendre visite autant qu'avant, car je n'avais plus autant besoin de leurs conseils. Je peux valider à partir des enregistrements EVP de divers cas que mon grand-père vient encore de temps en temps pour voir où mes projets me mènent.

Ce rapport n'aurait probablement pas été aussi long si Olivia avait cessé d'apparaître. Avec le temps, j'ai réalisé qu'ils essayaient tous les deux simplement de m'aider à continuer. Quant à savoir pourquoi Olivia est devenue plus active, cela reste encore une question de spéculation. Après avoir rejoint -censored-, j'ai créé deux films pour le réseau de streaming -censored-, l'un intitulé "La chasse à Olivia", pour explorer davantage ce que je savais concernant le "paradoxe d'Olivia", comme je l'appelais. L'autre était « Bonds of Beyond » conçu pour explorer le chevauchement entre le phénomène ET/OVNI et le phénomène Spirit. Il convient également de mentionner qu'il y a eu une expérience antérieure intitulée « La chasse aux terres infinies » qui a davantage inspiré Bonds of Beyond.

Tous ces projets ont fait ressortir un certain nombre de noms d'entités susceptibles de manifester leur intérêt.

Ces entités sont les suivantes :

- Michel l'Archange
- Gabriel l'Archange
- Métatron
- Yeshoua
    - Nom réel de Jésus
    - Se traduit directement par le nom Joshua
- Yahvé ?
- El?
- Ashtar ?
- Vrillon?
- Athéna ?
- -censuré-

-
    - Appelé simplement « John » dans Bonds of Beyond
- -censuré-
    - Était basé sur de véritables informations occultes
- Plusieurs personnes impliquées dans la création -censurée- affirment l'avoir vu et interagi avec lui dans notre monde.
- Après une séance de spirit box, un message audio a été laissé à Dakota avec une source inexpliquée de bruit blanc qui disait : « Si vous pouvez m'entendre, -censuré- vous veut. »
- Aleister Crowley
    - Des communications avec la boîte à esprit ont eu lieu pour contacter Crowley et voir s'il savait quelque chose sur le -censuré-
    - A offert son aide dans le combat
- En interagissant avec -censuré- deux autres entités sont entrées dans le focus
- Lucifer
- Lilith

- -censuré- a offert des conseils sur davantage d'entités méritant d'être étudiées, considérées comme liées aux Pléiadiens.
- Artémis/Diane
- Apollon

Des expériences de contact avec des OVNI ont également été menées en se concentrant sur les membres du commandement Ashtar, produisant des séquences vidéo intéressantes d'objets étranges apparaissant. En attirant l'attention sur l'équipage d'Ashtar, Olivia apparaissait. Il convient également de mentionner que, apparemment par hasard, j'ai fait un rêve dans lequel j'étais emmené dans un hôpital futuriste.pièce où une femme était allongée dans son lit tout en tenant un petit garçon. Olivia était assise à côté de la femme et après avoir réalisé que j'étais là, elle m'a regardé et m'a dit : "Papa, viens rencontrer mon petit frère." Quand je me suis réveillé, l'œuvre « Tachyonis » est sortie de ma bouche. Une recherche rapide sur Google a révélé une particule théorique, supposée être impliquée dans le voyage dans le temps, qui a été affirmée par divers groupes new age comme étant la source de la capacité de voyage spatial des Pléiadiens. Le lendemain, -censurée- (médium psychique) m'a mentionné qu'elle avait besoin de parler un jour de mon expérience.

-censored-, qui s'appelle -censored-, m'a également fait une « mini-lecture » via un appel Zoom où la voix d'Olivia passait par le haut-parleur. Toutes ces interactions contribuent à restituer encore plus d'images de la mère potentielle d'Olivia et d'une version adulte de son petit frère.

INFORMATIONS SUR LES INDIVIDUS OMIS DU DOSSIER PUBLIC POUR DES raisons de confidentialité

Projet : Knightshade

Avec l'influence supplémentaire des extraterrestres, il semble que la censure soit sur le point de changer le monde, espérons-le pour le meilleur. Je ne sais pas s'il est tout à fait vrai que mes propres affaires sont un catalyseur de l'évolution de cette série d'événements, mais comme tout le monde peut le constater, il serait stupide de ma part de ne pas l'inclure. J'ai vraiment l'impression qu'on nous laisse un fil d'Ariane qui nous mènera à la vérité ultime sur la réalité.

On dit également que la plus grande règle du travail avec le Commandement Ashtar (ou Fédération Galactique) est que s'ils proposent de nous aider, nous NE POUVONS PAS détenir ces informations à des fins égoïstes. Si nous travaillons ensemble, nous pourrions bien pousser les efforts de nos organisations vers de nouveaux sommets. Ce rapport ne marque pas la fin de l'enquête. J'ai moi-même passé la majeure partie de treize ans à essayer de comprendre la situation de ma fille. Cependant, il est devenu très clair que cela fait partie de moi depuis bien plus longtemps que cela.

Mon héritage familial compte plus de 400 ans de sensibilités paranormales, de médiums, de sorcières, etc. (au meilleur de ma connaissance). En 2020, juste au moment où ces événements - censurés - s'intensifiaient, mon État d'origine, l'Idaho, avait le plus grand nombre d'observations d'OVNIS signalées aux États-Unis. J'ai grandi dans une petite ville hantée. La pièce dans laquelle j'ai essayé de me suicider était la même pièce dans laquelle je me suis retrouvé après l'éventuel incident d'enlèvement par des extraterrestres lorsque j'avais six ans. C'était aussi la même pièce dans laquelle mon grand-père est décédé et a vu Olivia pour la première fois.

Je me souviens de visions du logo -censuré- . Il y a trop de choses ici pour que ce soit une coïncidence. Pour aller de l'avant, je suggère d'approfondir l'étude du commandement Ashtar. En plus d'établir davantage de profil sur les moyens -censurés- et les moyens possibles de détourner de futures attaques, juste au cas où. Certains modèles indiquent que le prochain voyage au Japon pourrait nous réserver quelque chose de plus, dans des territoires déjà dangereux. J'ai l'intention de faire davantage de recherches sur les méthodes occultes pour assurer la sécurité des membres -censurés- et du public auquel nous divulguons ces informations. Je pense que les Japonais ont un équivalent de poupées vaudou que nous pourrions utiliser comme une sorte de remplaçant si nous étions attaqués. Je suggère fortement que nous gardions certains détails personnels pour la protection et le respect de toutes les personnes impliquées, quel que soit le classement actuel ou les indiscrétions antérieures. Dans le cas où ces informations seraient rendues publiques, nous devrons nourrir les masses au compte-goutte pour attirer d'autres pistes potentielles susceptibles d'être bénéfiques à l'enquête.

En raison des restrictions susmentionnées sur les marques, nous devrons appeler le -censuré- par un autre nom. Je peux suggérer le nom « Seigneur des Ombres », comme je l'appelle dans mon livre « Dear Kota : Time to Fess up ». Une fois que nous serons prêts, nous pourrons présenter nos conclusions au public. Cela peut être l'occasion de concentrer davantage l'attention de l'entreprise sur l'amélioration de la santé mentale. Au lieu de le décrire comme un documentaire d'horreur, mon idée ressemble davantage à une présentation formatée d'Avenger. Toutes sortes de personnes, dans le monde et ailleurs, se réunissent pour combattre un ennemi commun et améliorer le monde au fur et à mesure. Cela fournira également des moyens de commercialiser d'autres marques liées à la censure et donnera aux membres participants une chance de promouvoir leurs propres œuvres. Pour que cela fonctionne, nous avons besoin de tout le monde. Les membres actifs de -censuré- répertoriés dans ce document doivent avoir la priorité absolue lorsqu'ils se réunissent.

Des opportunités pour d'autres de participer seront également disponibles.

Révélations extraterrestres

2 MARS 2021

« Infirmerie martienne »

Apparemment une nuit normale, alors que les attaques censurées semblaient toucher à leur fin, j'ai été emmené dans ce qui ressemblait à une chambre d'hôpital de Star Trek, dirigé par un homme aux longs cheveux bruns qui faisait à peu près ma taille. Des portes métalliques s'ouvrirent sur le côté, révélant une femme allongée dans un lit, tenant un nouveau-né. Olivia était avec la femme, pendue par-dessus son épaule. Olivia se rend compte que je suis dans la pièce et dit "Papa, viens rencontrer mon nouveau petit frère." Je me dirige vers lecôté femme et souriez au nouveau-né, qui me ressemblait beaucoup. L'image de la femme était en quelque sorte masquée, comme un personnage caché dans un jeu vidéo.

Alors que je regardais le garçon en train d'embrasser ma fille, j'ai regardé vers une grande fenêtre sur ma gauche et j'ai vu que le paysage à l'extérieur de l'installation ressemblait à la surface martienne. Abasourdi, j'ai demandé si c'était là que nous étions et l'homme a juste ri, comme s'il savait que j'allais faire cette remarque, avant de commencer à me corriger. Alors qu'il commençait à prononcer le nom de l'endroit, une alarme s'est déclenchée et immédiatement l'homme m'a attrapé par l'épaule et m'a dit "nous devons vous sortir d'ici maintenant !"

Évidemment, j'étais dépassé. Je voulais dire et voir le bébé mais j'essayais aussi de comprendre ce qui se passait. La prochaine chose que je savais, c'est que je volais physiquement dans ma chambre à travers le mur comme si je sortais de Peter Pan. J'ai plané brièvement au-dessus de mon lit avant de sentir quelque chose me tirer vers le bas avec suffisamment de force pour que le cadre métallique du lit se brise à plusieurs endroits et traverse même le mur.

28 OCTOBRE 2021

Terre - États-Unis - Idaho - Entre Filer et Curry - Juste à côté de l'autoroute 30

En rentrant chez moi après une fête d'Halloween/d'anniversaire, un engin orange vif de forme octogonale apparaît soudainement à environ 10 pieds dans les airs, juste au bord de la route. L'engin ne faisait pas plus de 15 à 20 pieds de diamètre et oscillait. De brefs aperçus par la fenêtre montraient des êtres gris, qui semblaient tout aussi surpris de me voir que je l'étais. Le navire a disparu avant que j'aie eu le temps d'arrêter la voiture et d'essayer de prendre une photo.

Les espèces probables de gris sont répertoriées sous le nom d'Airk, essentiellement des géologues intergalactiques. L'Idaho, connu sous le nom de « Gem State », possède plusieurs endroits où l'on peut extraire des cristaux. Les Airk n'interagissent généralement pas avec les gens, ils utilisent principalement la Terre comme un arrêt rapide avant de décoller ailleurs.

Certains m'ont demandé s'il y avait un « mauvais pressentiment » à propos de cette rencontre, peut-être en raison de préjugés envers ceux qui correspondent à la description « Grise ». Mais non, c'est juste une surprise. Ces êtres semblaient tout aussi surpris de me voir que moi.

FÉVRIER 2022

J'ai été informé d'un individu au Royaume-Uni qui souffrirait prétendument de multiples problèmes médicaux grâce à une malédiction générationnelle inculquée par la déesse Kali. L'histoire m'a raconté que le monsieur, criblé de maladies si graves qu'il était attaché à un sac de colostomie, avait été agressé sexuellement par une certaine forme de succube ; et que sa situation difficile était le résultat d'une malédiction lancée sur sa famille. Apparemment, son grand-père avait commis des atrocités lors de violences religieuses entre hindous et musulmans en Inde ; une jeune femme en particulier qui a été agressée sexuellement par lui avait une figure paternelle qui a été brûlée vive et qui aurait pu être un sahir.

Donc, pour le dire en termes simples, j'avais affaire à un jeune homme tellement endommagé par une figure paternelle vengeresse...

Il est devenu évident que quelque chose de méchant était lié au jeune homme. Les histoires d'ordures littérales enfoncées dans la gorge de la femme étaient probablement la source des perturbations abdominales, et la succube... immédiatement, cela sonna comme une vengeance. Ce ne serait pas la première fois que je rencontre une entité qui mélange les gens, s'il s'agissait d'une malédiction générationnelle, quelque chose d'aussi minime qu'un fort air de famille pourrait suffire pour que la « malédiction » se transmette.

Malheureusement, j'ai dû transmettre cette information à une personne plus proche du client, mais pas après avoir tenté au moins une fois de parler directement à l'entité en question. J'ai fait des recherches sur Kali, organisé une petite canalisation/invocation en utilisant une combinaison de mes méthodes de protection et un démarrage psychique (tremper mes pieds dans l'eau salée) pour me mettre dans une transe suffisamment profonde pour approcher le client et m'adresser à l'être tout seul. gazon.

Lorsque j'ai pris contact, la succube essayait clairement de s'enfoncer davantage dans la physicalité du client pour lui infliger davantage de dégâts. Au centre de sa brume se trouvait le client, presque étourdi par cette attention. Il est devenu clair que quelque chose d'autre motivait cette malédiction. Les visuels qui m'ont submergé sont difficiles à décrire, comme deux dieux qui plient la réalité sur un coup de tête pour essayer de se surpasser, mais voyant que je n'étais pas si facilement influencé, j'ai réussi à gagner suffisamment de respect pour me ramener au moment où l'affliction a commencé. .

A travers les yeux de la victime, j'ai vu les soldats brûler vif son « père », l'esprit du père criant de colère et jurant de se venger alors qu'elle était violée. La colère que je ressentais à l'intérieur... je ne la connaissais que trop bien. L'anglais n'était même pas nécessaire, je comprenais tout parfaitement. Ensuite, la vision a avancé dans le temps jusqu'à une époque plus moderne... montrant le client commençant à profiter d'une jeune femme.

J'ai réussi à convaincre l'entité de rompre sa connexion, voyant l'homme essayer de nuire à un autre raviver de vieilles colères, mais cette notion arrachait l'âme même et corrompait leur être. Désiraient-ils vraiment que leur vie après la mort soit déchirée par la vengeance ? GiviSe plonger dans ces émotions, du moins en théorie, a créé de nombreux démons littéraux... ils ont dû lâcher prise. Mais les dégâts causés étaient probablement irréparables. Si cet être disait la vérité sur ce que fait le client, je n'aurais pas nécessairement de problème à le laisser pourrir... mais même moi, je sais qu'essayer de se venger de ceux qui nous font du mal ne revient généralement à rien de plus. s'écorcher juste pour avoir quelque chose avec lequel frapper les autres.

Il y avait une condition que je devais suivre pour briser l'influence de l'entité, partir également, ce que, dans les circonstances, j'ai accepté et j'ai laissé le raisonnement sur le fait que je n'avais pas les fonds nécessaires pour me rendre personnellement au Royaume-Uni pour une enquête appropriée et avoir le client qui a payé mon billet d'avion était erroné. Des individus plutôt louches ont tenté de revendiquer cette affaire, mais je ne sais pas ce qui leur est arrivé. Mes sources de l'autre côté disent que l'être a été transporté ailleurs pour pouvoir guérir, ce qui était un soulagement en soi car le rituel de communication que j'ai suivi pour faire l'épreuve m'a laissé physiquement faible et à peine capable de m'en sortir. au lit pendant environ trois jours.

16 AVRIL 2022

Entretien avec -censuré- sur Bald and Bonkers Show, les informations sur les différentes espèces ET mentionnées dans ce texte et ses conseils guident ma recherche de réponses vers de nouveaux sommets. J'ai réussi à lui poser une question, car plusieurs indices laissaient entendre que j'avais une femme dans une vie séparée, si les relations que j'entretenais ici-bas étaient considérées comme de la tricherie. La réaction, évidemment inattendue, a suscité pas mal de rires. Mais -censuré- a suggéré que si une personne impliquée dans un programme Starseed avait un partenaire romantique, celui de son partenaire dans cette vie lui rappellerait probablement inconsciemment son autre vie. Cela a suscité une idée.

Étant donné que j'avais la photo d'Olivia, et si j'utilisais l'IA pour éliminer mes traits afin de créer une éventuelle photo de sa mère ? J'ai utilisé une fonctionnalité sur une application téléphonique appelée FaceApp (une fonctionnalité maintenant supprimée) pour prendre la photo d'Olivia et j'ai utilisé des photos en ligne de diverses célébrités pour lesquelles j'avais eu le béguin tout au long de ma vie pour améliorer certaines fonctionnalités.

Finalement, lorsque j'ai atteint un certain point dans le processus de création, mon cœur s'est serré et j'ai commencé à devenir émotif. J'ai couru dehors, criant aux étoiles pour leur demander pardon parce que... en voyant son visage... certains souvenirs ont commencé à faire surface. Les sentiments derrière eux, les plus déroutants de tous, étaient ceux où j'avais l'impression de l'avoir laissé tomber d'une manière ou d'une autre. J'avais l'impression que je n'étais pas l'homme qu'elle et les enfants méritaient d'avoir dans leur vie, tombant littéralement à genoux sous les étoiles. Dans un moment de silence, j'ai vu un éclair de lumière se déplacer dans le ciel, comme si quelqu'un essayait d'attirer mon attention. La lumière a attiré mon attention vers les Pléiades. Que ce soit intentionnel ou non, je ne le sais pas, mais ce qui m'a le plus marqué, c'est la voix que j'ai entendue qui répondait à mes cris...

"C'est bon Dakota, on t'entend, on sait."

24 AVRIL 2022

Terre - États-Unis

Lors de l'enregistrement d'un live, un invité a exprimé son intérêt pour le CE5, les contacts et divers autres sujets. Son vrai nom a été révélé à l'antenne lors d'une séance de spirit box. Après l'enregistrement, elle révèle un souvenir d'écran qui, selon elle, couvrait un enlèvement. Elle se souvient s'être vue comme une jeune fille vêtue d'une chemise de nuit sur le thème de Noël, avoir été emmenée hors de sa maison et avoir vu un « élan en colère ».

ÉTÉ 2022

Iron City Paranormal capture une étrange anomalie impliquant une caméra SLS et un ordinateur sur lequel je suis assis via un appel vidéo. Soit ils ont capté une projection sortant de mon ordinateur, soit quelque chose manipulant physiquement le signal wifi pour me parler. Ils m'ont invité par le biais d'un appel vidéo à une affaire pour voir si je pouvais avoir une impression psychique de l'ancien salon de tatouage, et pour faire court, chaque fois que j'avais l'impression que quelque chose se passait, ils ont capturé une forme d'anomalie.

11 AOÛT 2022

Terre - États-Unis - Idaho - Twin Falls

Je logeais chez un ami de la famille en attendant que la nouvelle maison soit prête à emménager. Ma voiture était dans le magasin, donc je me rendais à pied chez elle depuis le travail, qui faisait à peine plus d'un mile. Heureusement, le temps était beau presque toutes les nuits. Je travaillais de nuit pour ne pas avoir à faire face à des températures trop élevées.

Une nuit, c'était une nuit assez claire, j'ai décidé de jouer les tonalités CE5 du Dr Steven Greer en marchant. Avec l'application, j'ai découvert que si vous manipuliez les pages de l'application d'une certaine manière, les tonalités ne s'arrêtaient pas et vous permettaient de lire au moins deux enregistrements distincts à la fois. Cela a permis un peu d'expérimentation qui pourrait nécessiter un peu de travail pour être reproduite puisque les mises à jour récentes ont corrigé cette faille.

J'ai joué l'enregistrement intitulé « tonalités des crop circles », des fréquences entendues par les appareils d'enregistrement électroniques tout en documentant les formations probables de crop circles extraterrestres. Je l'ai associé au ton intitulé

«Séquence de Fibonacci», un rendu sonore dans lequel est intégrée la séquence mathématique de Fibonacci. L'idée principaleL'objectif des protocoles CE5 était de permettre aux humains de contourner les représentants du gouvernement et d'établir des contacts avec les ET. Différents tons présentés sur l'application donneraient probablement lieu à différents types de manifestations. Mon idée était d'utiliser le ton « standard » et de l'associer à la séquence de Fibonacci, qui a été notée pour aider les formes d'énergie plus subtiles à se manifester plus facilement.

Le son était dirigé vers les écouteurs afin que moi seul puisse l'entendre. C'était en partie une couverture pour moi, donc au cas où quelqu'un paniquerait à l'idée de voir un inconnu de 6'7 pouces se promener la nuit et m'appellerait à la police, j'étais juste un gars rentrant chez lui et écoutant de la musique. L'autre objectif m'a aidé à diriger le son dans mon système afin que je puisse ressentir les charges électromagnétiques qui se produisaient souvent dans ma tête et qui semblaient circuler en synchronisation avec les tonalités CE5.

Après 15 minutes de marche, soit à peu près le temps que l'application note qu'il faudrait pour que quelque chose se manifeste, un engin en diamant gris foncé est apparu juste au-dessus de moi. J'ai eu d'autres exemples d'engins possibles au loin qui semblaient réagir aux tons, mais ils étaient suffisamment éloignés pour apparaître comme des points de lumière.

Quand je l'ai remarqué pour la première fois, j'ai vraiment pensé que peut-être un grand hibou s'envolait de l'arbre de 40 pieds à côté duquel j'étais. Le navire a ensuite volé directement dans la lumière de la pleine lune, projetant une légère ombre. Le diamant était suffisamment proche pour que je distingue clairement le design homogène du métal, l'absence de toute sorte de lumière, etc... il était suffisamment proche de l'endroit où si j'avais été plus rapide pour sortir mon téléphone, j'aurais attrapé un foutu bonne image. Au moment où j'ai pu le faire, l'engin a décollé. J'estime qu'il volait à une bonne 100 à 150 pieds du sol.

27 SEPTEMBRE 2022

Une entrée de journal rapide

Une vaste zone semblait brillante. Un être petit, à la peau verdâtre pâle, aux grands yeux ovales, m'a vu arriver alors que je me changeais pour un uniforme. Je n'ai pas réagi. L'uniforme était gris métallisé, avec une bande bleue sur le torse. Je me suis habillé à la hâte, à la recherche de quelqu'un. J'ai trouvé un visage apparemment familier. Elradon ? Peau grande et plus foncée, yeux plus larges, crâne un peu plus prononcé. J'ai demandé si ma femme ou mes enfants étaient à proximité, il a répondu qu'il ne les avait pas vus. Doit être en mission. J'ai trouvé une note qui m'était adressée, une écriture de femme. Un autre indice ? Le seul mot dont je me souviens est Enoch...

2 OCTOBRE 2022

Une entrée de journal rapide - Recall Dream

J'étais sur Terre, pour la plupart. Quartier de banlieue. Indiana? Je me souviens avoir vu les Grands Lacs alors que nous nous précipitions dans une petite embarcation. Peut-être fin des années 80, début des années 90 en fonction des véhicules à proximité. Deux personnages ont pris un enfant, une jeune fille vêtue d'une tenue rouge vif sur le thème de Noël. L'une des choses, probablement Greys, a passé un long doigt sur son corps. Il ne semblait pas m'avoir remarqué caché dans leur vaisseau. En leur tendant une embuscade, j'ai découvert d'autres enfants. D'autres hommes, GFW, ont aidé à la guérison et ont essuyé les enfants pour qu'ils ne s'en souviennent plus.

Alors que nous revenions au vaisseau principal, je me souviens avoir regardé par une large fenêtre la Terre. Un autre homme s'est approché pour me surveiller, apparemment, ce devait être ma dernière mission pour un moment. L'autre homme, grand, aux traits très ciselés... Ahel Pléiadien ? Je lui ai demandé s'il pensait que les enfants iraient bien, ce qu'il m'a assuré, me demandant ce que je pensais de mon prochain déploiement d'envoyé. J'ai fait une remarque en me demandant si je verrais un jour ces enfants là-bas et si je m'en souviendrais. L'autre homme sourit, fit un clin d'œil et dit quelque chose du genre : « Ne vous inquiétez pas, vous le ferez. N'oubliez pas l'orignal. L'homme a ensuite levé trois doigts en forme de triangle et les a pressés contre mon front. Je me suis reculé et lui ai demandé ce qu'il faisait, ce à quoi il a répondu : « Vous connaissez le protocole, vous êtes sur le point de partir et nous devons nous assurer que vous et les enfants êtes en sécurité.

A pris une profonde inspiration et céda. Au réveil, j'ai réalisé qui était l'enfant et qui était le Pléiadien...

4 OCTOBRE 2022

Une entrée de journal rapide - Message de rappel

Ce qui suit s'est joué dans ma tête lors d'une méditation de rappel, comme s'il s'agissait d'une sorte de message vocal.

Vous êtes Alerayon Teuitre d'oraa nataru Shari. Vous et votre famille êtes impliqués dans l'hybridation et apportez de l'aide via le programme Envoy. Vous avez sélectionné un vaisseau rempli de sang Taali pour vous permettre d'exploiter les potentiels psychiques lorsque vous rencontrez l'obscurité. Celui que vous connaissez sous le nom d'archange Michael est également de cette lignée. Mais les choses ne sont pas tout à fait comme vous le comprenez.

Je ne sais pas si je l'ai bien entendu, ni même si j'ai bien épelé les noms... après une analyse plus approfondie, j'ai demandé -censuré- si elle connaissait un être qui correspondait à la description de celui que j'ai vu et si lui, à un moment donné point, a travaillé avec son contact. Elle a confirmé qu'il y avait en fait un homme correspondant à la même description que j'avais donnée, à qui j'ai révélé qu'il s'agissait peut-être de moi. Ce fut également un choc de lire qu'elle et moi nous sommes rencontrés avant mon arrivée sur Terre pour cette mission d'envoyé. Ce qui expliquerait pourquoi je me sentais si obligé de la rechercher, elle était un véritable fil conducteur pour qui j'étais vraiment.

Quant auconnexion avec l'archange Michel, c'est une connexion que je dois établir davantage. Le lien a été suggéré pour la première fois par les prêtres que j'ai consultés pour la première fois au sujet des premières apparitions d'Olivia. Cependant, d'autres incidents, tournant principalement autour de Hat Man/Caïn, ont indiqué une implication beaucoup plus personnelle.

L'un des témoins sur lequel j'ai établi un profil m'a révélé un incident au cours duquel Caïn (ou quelqu'un qu'il contrôle) l'a attaqué dans une bibliothèque et un mystérieux inconnu doté d'une puissante ambiance angélique est venu à son secours. Il y eut un éclair de lumière et tous deux disparurent. Le seul signe restant de cet incident était une brûlure au premier degré sur la main de l'homme de la lettre M. Compte tenu de la situation, le témoin est arrivé à la conclusion que son mystérieux sauveur aurait pu être l'archange Michel. La partie la plus étrange ? Le témoin a allégué que Michael et moi nous ressemblions remarquablement, presque comme si nous étions parents par le sang.

9 OCTOBRE 2022

Terre - États-Unis - Idaho → Base lunaire ?

J'ai été emmené dans un petit bateau. Mes enfants, ma femme et un quatrième être étaient tous présents. Nous avons fait un voyage dans des quartiers d'habitation sur la lune (éventuellement) pour simplement avoir du temps pour nous et discuter de l'avenir. Maintenant que j'ai appris le nom de mon vaisseau Pléiadien, cela m'ouvrira encore plus. Il semble également que l'un des derniers enfants que j'ai aidé à sauver soit quelqu'un que j'ai rencontré et que j'ai eu comme invité au Bald and Bonkers Show. L'Ahel Pléiadien a été -censuré-. -censuré- a confirmé tout cela...

11 OCTOBRE 2022

Terre - États-Unis - Idaho
Une entrée de journal rapide
La jeune fille des épisodes précédents, celle -censurée- et moi (avec d'autres) réussi à sauver, a été informée de la révélation. J'ai programmé un appel vidéo pour lui dire en raison de l'importance de l'information, touchant clairement quelque chose qu'elle essayait de découvrir depuis des années mais sans succès. Elle rampait pratiquement à travers l'écran comme je lui ai dit. D'autres enfants secourus pourraient également se manifester, mais aucune confirmation.

22 OCTOBRE 2022

Terre - États-Unis - Idaho
Une entrée de journal rapide
Il y a beaucoup de bavardages à travers les lignes éthérées. Je soupçonne en partie que cela pourrait avoir quelque chose à voir avec la conférence GSIC à Orlando. Il y avait aussi une pyramide géante dans le ciel que j'ai vue devant ma maison alors que j'allais travailler. Ou du moins, à première vue, cela ressemblait à une pyramide blanche et brillante,

mais on aurait l'impression qu'elle avait plus de dimensions. Cela n'a duré qu'une demi-seconde. Merkabah possible ? Il s'agit d'un type d'engin connu que certaines espèces d'ET utilisent... basé sur la projection psychique. Il va falloir que je surveille...

6 NOVEMBRE 2022

Terre - États-Unis - Idaho - Jérôme

Alors que j'enregistrais un live, ma mère m'envoie un SMS disant "Je sais que cela peut paraître stupide mais je pensais que je venais de voir un objet vert stationnaire dans le ciel près du travail." Ma mère est répartitrice du 911 pour quatre comtés, son travail est stationné en -censuré-. Lorsqu'elle a le temps, elle s'arrête souvent chez Ridley's, Walmart ou Dollar Tree à proximité pour acheter des collations de dernière minute qui l'aideront à passer le quart de nuit.

Il est intéressant de noter que j'ai eu une communication télépathique environ deux ou trois jours plus tôt avec ma famille star. On dit que si l'on a ce genre de connexions, on peut posséder la capacité de communiquer librement en plus de partager des capacités psychiques.

Alors que je conduisais pour me rendre au travail, j'ai tendu la main et j'ai reçu une réponse de mon fils. Le message exact que j'ai laissé était : « Si vous avez le temps et que vous pouvez le faire en toute sécurité, pouvez-vous dire bonjour à votre grand-mère ? Mon fils a simplement dit avec un sourire : « Bien sûr, papa, je comprends. »

C'est une chose pour moi de dire qu'il y a eu une réponse immédiate. Ma femme et mes enfants savaient que même si je les acceptais à bras ouverts, j'essayais toujours de travailler sur la situation dans son ensemble. L'idée était de tenter une expérience pour voir si mes enfants seraient prêts à se montrer à une personne neutre, quelqu'un qui avait très peu d'idée sur la situation, mais qui en savait juste assez pour savoir où ils me contacteraient immédiatement à la seconde où quelque chose se produirait. Cependant, il fallait encore que ce soit quelqu'un avec qui mes enfants auraient un lien émotionnel (quelqu'un qu'ils voudraient personnellement rencontrer). Quel enfant ne voudrait pas aller voir grand-mère et grand-père ?

24 NOVEMBRE 2022

Iveena semble avoir été en visite -censurée- pour les aider à progresser. Nous avons réussi à l'identifier positivement grâce aux images générées par l'IA d'elle et des enfants ; validant personnellement les visions que j'ai vues. Il semblerait qu'elle et les enfants partagent des informations sur leurs visites à d'autres personnes dans l'espoir qu'ils me contacteraient pour validation. Le niveau de détail de la vision devient difficile pour déterminer si je suis physiquement là ou non, je suppose que c'est normal. Cependant une légère remarque de -censurée- sur nos habitudes sexuelles d'Iveena et moi a fini par être validée au passage. J'ai un autre enfant en route, une autre petite fille. IVEena voulait attendre Noël pour le révéler mais nous avons pris quelques instants pour discuter de quelques noms. Irène...

Je ne peux même pas partager la nouvelle avec tout le monde. Un de mes meilleurs amis est encore sceptique quant à mes origines extraterrestres, un autre est presque sans aucun doute compromis. -censurés- s'y ouvrent... mais cela fait encore défaut. Les gens avec qui je partage Thanksgiving se

; quelque chose qu'il ne semble pas encore comprendre.

Si un devin parle avec l'ego, alors ce devin doit être ignoré, car son ego l'aveuglera à jamais des vérités qu'il peut réellement voir. Surtout celui qui esquive et détourne la direction dès qu'il est confronté.

12 DÉCEMBRE 2022 :

-censuré- a quitté mon entreprise, ce qui s'avère probablement un compromis de la part de Grays. Les personnes avec lesquelles elle était associée promouvaient ouvertement l'ingérence de Gray. Elle a également contesté ma gestion de quelques incidents dans lesquels elle était impliquée. Principalement que « je n'ai pas pris son parti ».

La première, c'est lorsque j'ai abordé un combat qui s'est déroulé en direct. -censuré- parlait apparemment de la façon dont j'avais été vu chassant aïn lors de l'incident de la Saint-Valentin ainsi e de la façon dont j'avais réussi à créer un sceau guérison capable de combattre de fortes influes négatives. Quelqu'un du panel - censuré - ertogeait sur la validité des affirmations. Il était

sentent vides, me considérant comme rien de plus qu'un chien poubelle envahi par la végétation.

Je veux ma famille. Il a été porté à mon attention qu'il existe apparemment un moyen pour moi de partir, d'être avec eux, mais il semblerait que la loi galactique m'interdise de revenir jusqu'à ce que la Terre soit prête pour l'intégration interplanétaire. Notre travail consiste à construire le pont permettant aux Terriens de rejoindre la Fédération, et il semble que cela commencera dans deux ans.

Alors ça veut dire que je serai parti ? Je ne peux pas dire que je ne dirais pas non...

Iveena, Olivia, Michael, et maintenant Ireena..

Si cela continue à avancer comme il semble... serai un homme chanceux.

26 NOVEMBRE 2022

Hier soir, ma co-star potentiellement mise du principal talk-show de la socié mencé à participer à l'une de ses préten? de contact. Juste assez d'un facteur pour m'éviter de l'étrangler complèt fierté, mais plus il ouvre la bouche.

très professionnel à ce sujet. Il sentait que la façon dont j'étais peint donnait l'impression que j'étais « face à face avec Thor (des Avengers) dans les rues de New York ». Immédiatement -censuré- s'est offusqué et a commencé à tirer. Tout s'est échauffé et immédiatement les gens ont commencé à faire exploser mon téléphone en essayant de peindre -censuré- sous un mauvais jour. Je n'ai pas répondu tout de suite parce que j'essayais de dormir un peu avant d'aller travailler.

J'ai réussi à convaincre les reines du drame de me donner un horodatage, afin que je puisse voir ce qui s'est passé et ne pas perdre de temps à essayer de le trouver pendant que je me préparais pour le travail. -censuré- posait une question honnête. Il n'était pas sarcastique ou quoi que ce soit, il essayait juste de reconnaître que mon histoire est un peu plus inhabituelle que la plupart des autres. Il a même fait valoir à juste titre qu'un tel dévouement aveugle était un jeu dangereux à jouer.

Le deuxième incident concernait des allégations d'insultes racistes. -censurée- diffusait ses doléances en direct parce que quelqu'un la traitait de "fille blanche". J'ai regardé juste assez de temps pour comprendre contre qui elle était en colère et j'ai tendu la main pour obtenir sa version de l'histoire sans parler à -censuré-. Cela l'a juste énervée. En quittant l'entreprise, elle a juste essayé de décrire la situation alors qu'elle était lentement évincée et s'est offensée que je ne la supplie pas de rester.

Tout le monde, sauf moi, était légalement considéré comme un indépendant. Ils pouvaient aller et venir à leur guise. Tout cela a été signé dans des documents pour protéger les intérêts de chacun.

Je me suis assuré de faire savoir que son comportement était inacceptable, que tout était organisé pour que les gens puissent aller et venir à leur guise et que son ego n'était pas recherché.

Un troisième incident impliquant -censuré- et le monsieur contre lequel elle essayait de crier au racisme, son nom était -censuré-. Sur un autre flux, quelque chose semblait affecter - censuré - là où il était penché de douleur.

Pour moi, il semblait qu'il avait des problèmes avec son appendice.

Aux -censurés- et aux autres soi-disant sorcières, il était possédé et ils ont tous commencé à sortir des crucifix. Cette ignorance m'a énervé.

J'ai joué le ton du sceau de protection, augmentant lentement le volume. Les sorcières devinrent silencieuses et tendues, comme si quelque chose les poursuivait et elles étaient recroquevillées dans un coin, mais - censurées - répondirent. J'ai augmenté le volume et -censuré- il semblait que je ne souffrais plus, je répondais seulement à ma voix. Je l'ai guidé vers la surface sans incident. Plus tard dans la nuit, une tournure intéressante des événements s'est produite.

Je me souviens être entré dans une pièce sombre, avec -censuré- allongé nu sur ce qui ressemblait à une table d'opération. Je portais un uniforme argenté, accompagné de ma femme et de mes deux aînés. J'effectuais une sorte d'examen et je me souviens avoir vu des parentsd de matière gluante noire à l'intérieur -censurée- située juste au niveau de ses hanches et a pu l'extraire sans incident. Cependant j'ai remarqué une certaine irritation dans la région sur laquelle je n'ai pas pu opérer directement. C'était comme si j'étais uniquement autorisé à nettoyer la boue noire et à stabiliser la condition - censurée - à un niveau suffisamment sûr pour que les médecins terriens puissent la gérer.

Alors que nous nous préparions à aider -censuré- à s'habiller, ma femme m'a fait remarquer que je devais noter mentalement une tache de naissance

-censurée-. Je lui ai demandé pourquoi, ce à quoi elle a répondu : "Vous allez vous en souvenir pour pouvoir l'avertir d'aller chez le médecin, vous aurez probablement besoin de quelque chose pour prouver que vous l'avez réellement examiné."

J'ai fait une blague en disant qu'elle ne l'avait pas signalé plus tôt. Elle a simplement secoué la tête et a dit que je devrais mieux écouter parce qu'elle me l'a dit, soulignant l'incident au cours duquel j'ai eu une vision d'une ex-petite amie qui trichait et j'ai repéré un tatouage sur le gars pour aider à valider ce que j'ai vu.

Nous avons d'abord ramené -censuré- à la maison avant que ma femme ne me dépose. Immédiatement le lendemain matin, je me suis réveillé avec un message de groupe avec -censuré- et quelques autres "sorcières" parlant à -censuré-, dansant vaguement autour de l'incident. Dans le chat, j'ai raconté - censuré - point par point ce qui s'était passé la nuit précédente et que ce serait une très bonne idée qu'il se rende bientôt à l'hôpital pour être examiné. J'ai même souligné l'endroit où j'avais vu une tache de naissance pour solidifier mon propos. -censuré- s'est enthousiasmé par les informations que je lui ai données, disant que c'était comme si je lisais mot pour mot son dossier médical.

Deux jours plus tard, -censuré- se retrouve aux urgences avec une hernie rompue, exactement là où je lui ai dit. Pendant que j'étais à l'hôpital, -censuré- apparemment, un médecin qui ressemblait à quelqu'un avait superposé mon visage à son corps.

Une fois la situation réglée, j'ai commencé à réfléchir à ce que ma femme m'avait dit à propos de la recherche de marqueurs d'identification. C'est alors que j'ai réalisé que -censuré- n'était pas la première personne que j'avais emmenée. Les autres attaques de Caïn ont également été prises par moi-même et mes « collègues ». Dans certains cas, j'étais juste un visage familier pour réconforter le patient. Pour d'autres, j'ai joué un rôle plus actif. Il y avait aussi des incidents avec ces mêmes personnes où je faisais une remarque sur des choses dont je n'aurais eu connaissance que si je les connaissais intimement, ou au moins si j'avais fait une excursion à la plage.

11-12 FÉVRIER 2023

Le 11 février j'ai invité -censuré- à l'émission pour parler de son livre -censuré- et la dernière en date sur les ovnis étant que les « tictacs » étaient un sujet de discussion parmi les masses. Pendant le spectacle, il y a eu les interférences habituelles attendues. Je voulais poser des questions sur le potentiel d'attaques plus directes avec des armes à énergie après avoir fait un rêve. Quelque chose dans le rêve lui-même semblait trop détaillé pour être simplement un visuel aléatoire.

Je me souviens avoir été dans une ville où des faisceaux de lumière enflammaient les choses. Je lève les yeux et vois un navire massif d'où les faisceaux semblaient provenir avant d'être presque heurtés par l'un d'entre eux. Pour une raison quelconque, l'impression que j'ai eue était que ce rêve se déroulait au Texas, quelque part où je n'étais allé que lors d'une escale à Dallas/Fort Worth.

J'ai posé des questions sur le potentiel de futures attaques avec des armes à énergie -censurées-, retenant tout détail pour voir ce qu'elle pourrait avoir. Tout ce qu'elle avait à dire, c'était que les attaques étaient probables. Le lendemain matin, j'apprends que mon cousin de 16 ans, -censuré- et notre grand-mère se sont renversés. Le véhicule a roulé six fois, éjectant presque ma grand-mère alors qu'elle était attachée. C'est grand-mère qui a subi le pire, ce qui était particulièrement troublant car elle souffrait d'une crise cardiaque. Cependant -censuré- et ma grand-mère ont toutes deux survécu et ont complètement guéri de leurs blessures.

FÉVRIER - MARS 2023

J'ai été emmené à bord d'un navire où le reste de ma famille attendait à l'intérieur, quelque peu nerveux à l'idée de ce qui allait arriver. Ce n'était pas nécessairement une ambiance négative... plutôt juste de l'anticipation. Pour quoi exactement ? Il s'est avéré que nous étions en route pour une réunion de famille près de Sirius B, d'où est originaire ma femme. Le secteur a été libéré de l'influence négative impliquant les Gris, et les membres de GFW ont été autorisés à rendre visite aux familles restées sur place.

La raison de l'anticipation, de l'anxiété, était le fait qu'Iveena n'était pas vraiment partie en bons termes, quelque chose sur lequel elle et moi étions liés lorsque j'ai quitté Taalihara. Mais cette fois, c'était différent. Naturellement, elle souhaitait renouer avec sa famille, simplement avoir la possibilité de les voir, même si sa mère en particulier et elle entretenaient parfois des relations un peu tendues. Mais cette visite avait quelque chose de plus important derrière elle, Olivia et Michael n'avaient pas encore rencontré leurs grands-parents en personne. Iveena n'avait pas encore parlé de bébé Ireena à ses parents, espérant que cela soit une surprise.

Quand nous sommes arrivés, je me souviens avoir été fasciné par les structures cristallines. La sensation dans l'air ressemblait à quelque chose sorti du vieux manga Sailor Moon, des représentations de "Crystal Tokyo" comme il était montré. Cristal, métal, nature... tous travaillant à l'unitépour créer un paradis futuriste. Le son du métal résonnant sous notre sensation, le ciel crépusculaire constant grâce au faible soleil du système stellaire, c'était trop intense pour être un... rêve ou une hallucination. Lorsque nous avons commencé à nous approcher d'un certain bâtiment, il y avait un air d'excitation et de nervosité. Il était temps.

Un homme et une femme sont venus nous saluer devant leur maison. Tous deux mesuraient environ six pieds de haut et ressemblaient à des humains. Les sourires extatiques sur les visages de tout le monde en révélaient assez sur qui étaient ces gens. La femme ressemblait beaucoup à Iveena, avec de grands yeux verts d'anime, plus petite en raison de son âge mais en parfaite santé. Elle avait cette façon de projeter ses émotions sur les autres, comme beaucoup de gens de son monde pouvaient le faire. Les femmes là-bas étaient également connues pour être très expressives physiquement et connues pour leurs capacités sexuelles. Le père d'Iveena était un homme plus grand, aux traits quelque peu arrondis et aux cheveux blonds grisâtres et sales. Il ne correspondait pas à l'apparence presque anime des autres sur ce monde, je crois qu'il était à l'origine un Ahel. Lorsqu'il s'est approché pour me faire un câlin, c'était comme si je saluais un vieil ami.

L'amour, la joie, le bonheur, l'excitation ont rapidement débordé mes sens. C'était extraordinaire de ressentir une telle connexion avec ces gens. À l'intérieur, il y en avait d'autres qui attendaient, des amis de la famille du côté d'Iveena qui cherchaient à se réunir. La mère d'Iveena savait que je venais sur Terre et a installé une projection holographique sur la pièce dans laquelle nous nous trouvions pour ressembler presque à une cabane de vacances. Des machines scannaient nos séquences d'ADN pour préparer une sorte de nourriture gélatineuse au goût magnifique. Une partie de moi ne voulait pas quitter les festivités.

C'est au cours d'une conversation polie que la mère d'Iveena a laissé échapper quelque chose d'apparemment aléatoire qui a perturbé l'ambiance de la soirée. Elle semblait être du genre à avoir tendance à laisser échapper ce qu'elle pensait, sans trop se soucier de la façon dont cela pourrait affecter les autres. Elle m'avait demandé comment allait mon père.

Naturellement, j'étais confus. J'étais encore en train de comprendre comment me souvenir de ces événements et le "père" dont je pensais qu'elle parlait se trouve maintenant dans une prison de l'Arizona. Je pouvais presque entendre Iveena essayer de faire signe à sa mère de ne pas pousser la question encore plus loin, essayant de lui dire que je ne me souvenais pas de grand-chose. Cela n'a fait que susciter de nouvelles questions de ma part, auxquelles Iveena a poussé un grand soupir et a déposé la nourriture qu'elle tenait, marmonnant que "ce n'était qu'une question de temps..."

Ce n'était pas le père que j'avais sur Terre, Dieu merci, mais mon père de Taalihara. Iveena a expliqué que mon père était sur Terre pour rattraper le temps perdu après m'avoir exhorté à quitter la maison, ayant le sentiment de m'avoir abandonné d'une manière ou d'une autre au moment où j'avais le plus besoin de famille. Il avait lui-même engagé un envoyé, pas nécessairement un programme du même programme que celui dans lequel je participais, mais une quantité suffisante de programmation génétique était dans la lignée familiale pour rendre cet arrangement possible. Iveena m'a fait me concentrer profondément sur ses yeux, plaçant ses doigts contre ma tempe, quelque chose qu'elle avait fait un million de fois auparavant pour m'aider à me détendre.

"Réfléchis, Dakota. Tu as déjà compris que les gens peuvent parfois ressembler et agir de la même manière que leurs autres incarnations. Ton père n'est pas -censuré-, tu ne devrais vraiment pas avoir affaire à lui mais c'est ton choix à la fin du Repensez au jour où vous avez quitté Taalihara, quand votre père vous a dit de partir, à qui vous a-t-il rappelé ? »

Quelques semaines avant ce voyage, mon soi-disant ami et frère d'armes avait essayé de me convaincre qu'il était en quelque sorte mon père de mon ET laissé incarné, essayant de m'éloigner de ceux qui essayaient de m'offrir de l'aide. J'ai joué dans l'illusion, en espérant que c'était juste une simple question de torsion des choses, mais ce lapsus était plus que suffisant pour que je puisse vraiment y répondre.

Après tout, ces êtres m'ont sauvé la vie. C'est ma famille. Ils ont été là pour moi contre vents et marées, et mis à part mes doutes à cause des circonstances extraordinaires... je n'ai jamais douté de leurs intentions. -censuré- donnait un million de raisons que plusieurs personnes se sont manifestées pour vouloir aborder.

Alors... qui était mon père ? Un seul homme que je connaissais sur Terre répondait à tous les critères... mon grand-père, qui m'a élevé comme si j'étais le sien.

À la seconde où j'ai pris conscience, d'autres souvenirs ont commencé à revenir. Réponses aux questions que je me posais sur le lien apparemment spirituel que mon grand-père et moi avions depuis notre plus jeune âge.

AVRIL 2023

Terre - États-Unis - Idaho

Ma sœur cadette -censurée- a confirmé auprès de son médecin qu'elle était au début de sa grossesse.

Le 13 mai j'ai reçu la visite d'une jeune fille qui ressemble fortement à -censurée-. Nous avons parlé de son frère aîné, qui avait fait une fausse couche, et comment c'était ainsi qu'elle savait qu'elle pouvait me parler. Elle s'inquiétait pour ses parents, en particulier pour sa mère, car les conséquences des actions -censurées- la bouleversaient. La fillette a également révélé que son nom avait été -censuré-, qu'elle naîtrait avec un peu moins de 10 livres et qu'elle naîtrait probablement avantsa date d'accouchement prévue est le 5 décembre.

FIN AVRIL - MAI 2023 ESTIMÉ

Missions de la Fédération - Déploiement

Ces dernières semaines, j'ai eu des visites intermittentes, toutes apparemment liées aux missions de la Fédération. Je me souviens de sensations de pure épuisement par l'adrénaline, comme si j'étais en mouvement. Une astuce que je retiens pour savoir si certaines visites à l'étage étaient récentes, ou dans mon "autre vie" si j'avais ou non des cheveux.

Si j'étais chauve, alors j'agissais comme Dakota.

Si j'avais des cheveux, j'étais Elaryon.

Pour celui-ci, j'avais des cheveux.

C'était un déploiement de groupe. La furtivité était essentielle. Afin de supprimer les informations provenant de la Terre, ceux d'entre nous également liés au programme d'envoyés recevront une attention particulière pour garantir que les blocs dans les vaisseaux terrestres sont efficaces afin de garantir que peu de détails de combat parviennent à la population terrienne.

C'est drôle comme cela est lié au moment où je me rencontre -censuré-. Il convient également de noter qu'environ une semaine après la rencontre -censurée-, ma sœur a fait l'objet d'une potentielle accusation de terrorisme domestique après que quelqu'un ait utilisé un faux numéro de téléphone pour se faire passer pour elle et ait menacé son patron de tirer sur l'endroit. Elle travaillait dans une résidence-services pour adultes ayant des besoins spéciaux. Inutile de dire qu'elle a fini par perdre son emploi.

Dans l'intérêt d'une divulgation complète, ma sœur n'a pas exactement fait les meilleurs choix quant aux personnes avec qui elle s'associe et cela pourrait simplement être un incident au mauvais moment. Son ancien patron est connu pour avoir déclenché des bagarres et avoir menti à la police, il a probablement manipulé un bébé papa déficient mental pour qu'il fasse toutes ces conneries...

Mais moins de 24 heures après que -censuré- j'ai été invité à mon émission pour la dernière fois, et j'ai discuté d'attaques potentielles avec des armes à énergie directe, ma grand-mère et mon cousin de 16 ans -censurés- se sont retrouvés dans un vilain renversement qui a été partiellement éjecté. ma grand-mère même si elle portait une ceinture de sécurité. Il est préférable de surveiller ce que je révèle sur certaines chaînes. Il semblerait que certaines méthodes aient été compromises. Soit ça... soit mon histoire de mauvais timing continue encore aujourd'hui.

4 MAI 2023

Emplacement inconnu – Déploiement de la Fédération

Grand couloir, j'étais en escouade de cinq. Les quatre autres, des êtres humanoïdes. Dans mes bras se trouvait cette grande chose grise avec de faibles tentacules dérivant sur les côtés. Cela ressemblait à une version plus petite des envahisseurs des films Independence Day. Peut-être Negamuk ? Pas sûr. Il convient de noter que j'avais des cheveux dans cette vision.

Negamuk a dit qu'il rejoindrait bientôt le GFW... était-ce un aperçu de l'avenir ? Ou est-ce que je voyais les choses à travers les yeux de quelqu'un d'autre ? Je pouvais tout ressentir à ce moment-là, cela n'aurait pas pu être un rêve intense... n'est-ce pas ?

27 MAI 2023

Terre - États-Unis - Idaho

Il y a eu une autre visite. Cela a été un peu répétitif. L'endroit où j'ai été emmené semblait sombre, il y avait à peine assez de lumière pour savoir où se trouvait quelque chose dans la pièce.

La pièce dans laquelle je me trouvais paraissait presque exagérée par Hollywood, avec des murs recouverts de ce qui ressemblait à des hiéroglyphes égyptiens, et il y avait un trône fait pour accueillir quelqu'un avec une silhouette de géant.

Au moment où je note cela, c'était peut-être la salle du trône où j'ai rencontré cet être pour la première fois après l'incident avec ma belle-mère... le trône était vide et semblait l'être depuis un certain temps. Il convient de noter à peu près à ce moment-là qu'un personnage éminent, dont la description correspond étroitement à celle que j'ai vue, a été arrêté et que les marées du côté des étoiles de guerre tournaient en faveur de la Fédération. Enlil... c'était toi ? Si j'avais accepté ton marché... qui serais-je maintenant ?

31 MAI 2023

Terre - États-Unis - Idaho
Informations/rappel possibles
Salle de chirurgie. Faiblement éclairé. Attaché à une table. J'étais affaibli, torturé. Ma poitrine a été ouverte lorsque cette chose a atteint sa main à l'intérieur. Je pouvais tout ressentir, mais j'ai com-

mencé à me dissocier de tout. L'être avait l'air humain, mais ses yeux semblaient devenir reptiliens. Il m'a nargué, enfonçant un doigt dans mon sang puis en le frottant contre ma bouche. Des cris aigus sortaient de la bouche de l'être, comme s'il essayait de dire quelque chose. Une explosion s'est produite dans une autre pièce, l'être et d'autres avec lui ont couru. Je me souviens avoir vu un grand homme blond me voir démembré, s'arrêtant un bref instant sous le choc avant de courir vers moi. Une fois que j'ai pu, l'homme était amical, j'ai posé ma tête sur la table sur laquelle j'étais collé et ce fut la fin de la vision.

1ER JUIN 2023

Terre - États-Unis - Idaho
Informations/rappel possibles

Ville futuriste. J'étais à un événement, ça ressemblait à une sorte de concert avec des amis. J'étais avec une femme, aux côtés d'un autre couple. La femme ressemblait à ma femme, mais un peu plus jeune, presque adolescente ou au début de la vingtaine. L'autre couple avait la peau plus foncée. L'homme, qui ressemblait au garde de l'incident de « l'infirmerie martienne » mentionné plus haut, avait l'impression d'être un meilleur ami. Il était grand, à la peau foncée, avec une voix grave...

L'événement touchait à sa fin et moi-même et cet autre être avons été appelés dans un cabinet médical pour aider les femmes enceintes souffrant de complications. Nous avons procédé à des examens approfondis etont rapidement pu aider les femmes, sauvant les bébés, tout cela apparemment aussi simple que de mettre un pansement sur un papier découpé. L'infirmerie a pu montrer à quoi ressemblait le père, ressemblant à un iguane humanoïde... les complications de la grossesse elle-même semblaient être causées par une correspondance ADN incompatible... semblable aux cas connus d'incompatibilité RH.

Mon collègue et moi avons concentré notre attention sur les femmes séparées, échangeant des informations au fur et à mesure des procédures. Les baies médicales pouvaient tout gérer, nous étions quasiment là comme soutien émotionnel tant que les machines ne tombaient pas en panne. S'ils le faisaient, il nous appartiendrait de prendre les informations fournies par les services médicaux avant le dysfonctionnement afin d'administrer les traitements appropriés et d'éviter d'autres dommages.

4 JUIN 2023

Emplacement inconnu – Rappel de mémoire
Zone sombre. La sensation dans l'air ressemblait à celle d'une base militaire. Je me souviens avoir vu l'éclair d'un être de grande taille. Mince... femme... très haut placée en commandement. J'étais avec plusieurs autres soldats, tous alignés en formation. Je ne me souviens pas avoir vu cette femme auparavant... mais nous étions sur le point de nous lancer dans quelque chose de chaud et de lourd. Des victimes étaient attendues.

3 JUILLET 2023

Terre -> États-Unis -> Arizona - Idaho
Première interview pour Civilian Disclosure Project. Le sujet est -censuré- et montre des signes évidents d'un éveil psychique basé sur un traumatisme. Probablement enlevé pour des activités liées au SSP à un jeune âge. Elle a révélé qu'une tentative de se suicider était la cause probable de sa prise de

conscience de sa situation. J'ai parlé avec elle de temps en temps personnellement car elle voulait me contacter et avoir mon point de vue étant qu'elle et moi sommes à peu près dans la même tranche d'âge. L'entretien s'est bien passé, j'ai identifié où ses blocages mentaux se manifestaient, indiquant une peur d'en dire trop. Dans les 12 heures, j'ai reçu un message -censuré- me demandant si j'attendrais la publication de l'interview. J'aurais dû m'y attendre, mais je respecterai poliment ses souhaits. Il convient de noter qu'elle a commencé à se montrer distante après avoir vu le sceau de protection. Seul le temps nous le dira.

8 JUILLET 2023

J'ai eu une interview avec -censurée- pour le Bald and Bonkers Show qui comportait des interférences notées et des voix faibles dans l'enregistrement, comme si quelqu'un essayait de pirater les fréquences. L'interview était en direct donc d'autres l'ont entendue. Il est extrêmement probable que les voix soient celles de ma femme et soient censurées. Une certaine polémique a éclaté dans les semaines qui ont suivi, liée à -censurée-... la situation était suffisamment grave pour qu'une voix se soit fait entendre pendant que j'étais au travail me disant de rentrer chez moi au plus vite.

La polémique s'était étendue jusqu'à -censurée- et des craintes que je sois compromis à cause de... informations mal comprises ont été exprimées. J'ai pris les ondes pour m'adresser aux lâches trop obsédés par le drame pour les dénoncer, assumant la responsabilité de mes actes et remerciant - censuré - qui m'avait en fait adressé directement ses préoccupations. Je voulais m'en prendre davantage... mais j'avais d'autres sujets bien plus importants. J'étais encore plus énervé par le fait que quelqu'un ose insinuer que je ferais n'importe quoi pour nuire à quelqu'un qui m'a aidé à comprendre ma situation et à retrouver ma famille. J'ai une immense dette de gratitude envers cette femme et cela va à l'encontre de tout ce en quoi je crois en tant qu'individu de tenter quoi que ce soit pour lui faire du mal. Surtout que son contact était un vieil ami et mon ancien commandant au sein de la Fédération. Nous avons volé ensemble, nous nous sommes battus ensemble, il connaissait ma famille... naturellement, je ne lui en veux pas d'être énervé à l'idée de cette possibilité. Je sais qui je suis, je sais ce que je défends... et je serai damné si je laisse quelqu'un qualifier cela de spéculation.

Profitant du moment... J'ai posé des questions -censurées- sur quelqu'un qui était en fait compromis et qui essayait d'influencer ma façon de penser. Elle avait confirmé qu'elle savait que quelque chose se passait mais qu'elle ne voulait pas perturber l'amitié... si seulement quelque chose ne me harcelait pas depuis un certain temps et me disait que je devais éliminer cette personne de ma vie.

13 JUILLET 2023

Ma sœur cadette -censurée- a eu un examen prénatal, pour déterminer le sexe du bébé ainsi que pour surveiller les kystes ovariens qui ont tendance à apparaître chez les femmes de ma famille. À la grande déception de ma sœur, le médecin a confirmé que le bébé était probablement une fille. Principalement parce que, à la manière typique d'une sœur, elle ne voulait pas admettre que j'avais raison.

De plus, la jeune femme que j'ai probablement sauvée quand j'étais enfant avant de venir sur Terre, a trouvé de vieilles photos de famille montrant la robe exacte qu'elle portait, aidant à valider la période de notre rencontre mutuelle avant que je sois "Dakota". C'est un sentiment un peu surréaliste de retrouver ces fils vers une autre vie. Je me demande si c'est ce que ressentent les patients amnésiques ?

25 JUILLET 2023

Je me suis réveillé d'un rêve, la dernière fois que j'ai vu quelque chose avec autant de détails signifiait que quelqu'un venait au monde ou s'apprêtait à partir. Il y avait une fille, -censurée-, que je n'avais pas vue depuis le lycée. Elle avait l'air plus âgée, évidemment, avec une coiffure différente mais je l'ai reconnue tout de suite.

Comme quelque chose qui sort d'un psyémission de télévision médium chic, le rêve s'est présenté comme si c'était son esprit essayant de tendre la main après avoir été assassiné. Je reconnais que la zone n'est pas censurée, mais plutôt une zone suburbaine. Elle avait consommé des drogues lourdes et cela a fini par la tuer. C'est moi qui ai essayé de retrouver le corps. Le corps a été retrouvé dans un tas d'ordures, à proximité d'un complexe où opéraient de gros trafiquants. Lorsqu'elle a été récupérée, il y a eu une confrontation.

Apparemment, les trafiquants qui l'ont tuée étaient connus pour prendre des restes humains comme trophées. Les membres avaient essayé de m'intimider et avaient montré leur collection de têtes humaines coupées. Encore une fois, tout cela était à l'état de rêve.

Quand je me suis réveillé, je l'ai immédiatement recherchée. Il y avait trop de réalisme dans les visuels. Il m'a fallu une seconde pour me souvenir du nom de famille qu'elle portait. Une fois que je me suis souvenu de cela, j'ai trouvé des appels publics sur les réseaux sociaux de personnes demandant à des correspondants de prison à qui écrire - censurés -. J'ai creusé un peu plus et j'ai trouvé des dossiers judiciaires impliquant plusieurs accusations en matière de drogue contre elle depuis 2016. Sa dernière photo correspondait presque exactement à la façon dont j'avais vu son cadavre dans le rêve. Elle devait bientôt être libérée sous probation, mais il est évident qu'une spirale descendante est en cours.

Honnêtement, je ne sais pas quoi faire avec celui-ci. Des rumeurs circulent selon lesquelles des trafiquants seraient liés au cartel mexicain dans la région. Et cela fait si longtemps qu'elle et moi ne nous sommes pas vus, et son état mental compromis aurait pu effacer tout souvenir qu'elle avait de moi. Le fait qu'elle soit entrée et sortie de prison seule pourrait l'empêcher de connaître ce sort.

2 AOÛT 2023

Observation massive d'OVNI signalée aux autorités. Un engin triangulaire qui a d'abord été repéré au sud de Hollister, juste au-dessus de la ligne Idaho/Nevada, a survolé Twin Falls, puis a été repéré à Jerome, Shoshone, avant d'être éventuellement intercepté par d'autres engins militaires et conduit vers Sun Valley. Le seul média qui l'a même mentionné lui a à peine accordé l'attention d'une plaisanterie passagère.

J'ai été prévenu par un de mes contacts dans un centre de répartition local après dix appels concernant un étrange engin volant à basse altitude. J'étais suffisamment proche pour pouvoir éventuellement jeter un coup d'œil, mais je n'ai pas trouvé d'échappatoire facile à mon travail civil pour le faire à temps. Je venais littéralement d'arriver. La raison pour laquelle cela a suscité l'intérêt était que c'était la première fois que le centre de répartition recevait autant d'appels téléphoniques concernant un engin volant à basse altitude. Les appels eux-mêmes n'étaient pas nécessairement inhabituels ; la plupart du temps, ils concernaient des personnes pensant que de petits avions étaient sur le point de s'écraser, sans se rendre compte qu'il y avait une petite piste d'atterrissage privée dans les environs. Mais de nombreuses personnes appellent toutes pour la même chose ? Entre les agences de la zone, une trentaine d'appels ont été passés

Assez d'appels sont arrivés pour que j'ai pu obtenir une trajectoire de vol solide. Des vidéos ont montré qu'il y avait quelque chose dans le ciel cette nuit-là qui ne faisait pratiquement aucun bruit. Les radars de vol ne l'ont pas montré ni les avions d'occupation. Pour que mon contact n'ait pas trop de problèmes à discuter de questions liées au travail avec un étranger, il m'a envoyé un lien vers un groupe Facebook où l'incident était discuté en temps réel.

Ma meilleure évaluation était qu'il s'agissait d'un vol d'essai militaire. Ce n'est pas rare à cette période de l'année. En surveillant les médias, j'ai également appris qu'apparemment l'armée locale et la branche de Salt Lake du FBI ont peut-être contribué à tuer la couverture médiatique des ovnis dans les années 40 avec le canular de la soucoupe de Twin Falls. Le « canular » était un petit OVNI de 30 pouces qui a été trouvé dans le jardin de quelqu'un et considéré comme une farce élaborée réalisée par des adolescents inconnus. Cela s'est produit environ trois jours après le crash de Roswell, au Nouveau-Mexique.

24 AOÛT 2023

À 6h15 ce matin, j'étais en train de promener mon chat et j'ai remarqué une étrange lumière au-dessus de ma maison qui a commencé à bouger toute seule. J'ai sorti mon téléphone pour enregistrer une vidéo de l'incident et elle est restée visible, traversant le ciel. Il était solitaire, d'intensité lumineuse variée et semblait voler du sud au sud-ouest en direction de la ligne du Nevada. Curieusement, il semblait que l'objet disparaîtrait et réapparaîtrait plusieurs fois à un stade antérieur de sa trajectoire. À mesure que le soleil se levait, l'objet devenait évidemment moins visible en comparaison, mais brillait toujours suffisamment pour qu'il puisse être vu à l'œil nu et capturé par une caméra. L'incident a duré environ 50 minutes avant de prendre fin.

3 SEPTEMBRE 2023

Une lumière orange traversait le ciel alors que je partais travailler. Il était environ 19 heures... il faisait encore jour dehors.

19-22 OCTOBRE 2023

Terre - États-Unis - Orlando, Floride - GSIC

C'est un événement que je note simplement comme ayant un potentiel élevé. Une convention se déroulera à Orlando, avec ceux qui ont présenté le plus de preuves concernant mon cas qui seront présents et en tant qu'orateurs. Cela devrait devenir intéressant. Certaines de mes méthodes de communication, basées sur la divination et la spirit box, ont également indiqué que je pourrais avoir une surprise qui m'attendait.

19 OCTOBRE 2023

J'arrive à Orlandoaprès une journée de voyage. La voir -censurée- et la serrer dans ses bras pour la première fois a semblé déclencher des flashbacks de la journée -censurée- et je l'ai sauvée. Peut-être une capsule de sauvetage ou une baie de stase vide... de quoi s'agissait-il ?

20 OCTOBRE 2023,

Comme d'habitude -censuré- a déclenché des flashs, son discours sur la Résurgence de l'Atlantide. Ai-je quelque chose à voir avec l'évacuation massive ? Peut être.... Durant la séance avec -censuré-, elle a enseigné au public comment "atteindre le paradis". Blague à part le culte du suicide, les visuels que j'ai vus semblaient beaucoup plus intenses que ceux qui décrivaient leur situation. Je me souviens avoir vu des centaines d'enfants, des paysages magnifiques, plusieurs autres personnes qui n'étaient pas à la conférence m'ont vu là-haut. Est-ce que j'avais un aperçu de tout le monde ? Peut-être. Mes relations sont un peu plus impliquées que la plupart. Je me souviens aussi d'avoir vu mon autre grand-père, le père de mon père...

-censuré- était une autre histoire fascinante. Son expérience de 20 ans et plus, parallèlement à la maltraitance, correspond aux théories sur les raisons pour lesquelles mes liens sont si forts. S'il revient sur un panneau, je devrai peut-être lui demander s'il a trouvé des indicateurs à surveiller pour trouver ces emplacements.

Je vois également des superpositions de deux emplacements, comme si j'étais ici et dans un navire. Des messages arrivent, indiquant qu'au moins 15 ET confirmés sont présents.

21 OCTOBRE 2023,

J'ai été visité. Ma famille était ici. Tous les quatre. Je ne me souviens pas de tous les détails, mais l'image principale dont je me souviens très clairement était les yeux de ma femme après notre baiser. J'espérais les voir en chair et en os, prendre une photo de famille, mais il semble que ce soit encore un peu hors de portée.

-censuré- parler de ses expériences et de son livre a semblé déclencher des réponses dans mon esprit.

Ainsi que -censuré-, un homme qui était (prétendument, pour les besoins de l'argumentation, un homme qui a été physiquement envoyé ici alors qu'il était bébé). Quelques personnes ont remarqué que mes réactions s'accentuaient et ont exprimé leurs inquiétudes, certaines adoptant une approche religieuse et ignorant apparemment qui je suis. J'apprends petit à petit à ignorer cela, mais c'est un peu ennuyeux.

-censuré-, mon Dieu, j'aime le feu de cette femme. Je dois bientôt la faire participer à une émission. Quoi qu'il en soit, son discours était davantage axé sur les écritures bibliques et soulignait que Yhvh n'était pas le dieu bienveillant que les gens imaginent. Là aussi, il y a eu des déclencheurs.

22 OCTOBRE 2023,

Hier soir, c'était la discothèque, et je suis parti à cause de quelque chose qui me poussait à m'éloigner de la scène.

J'ai été réembarqué. Ouverture possible dirigée vers la fenêtre de mon hôtel. Je me souviens avoir volé avec mon fils, il est définitivement comme moi. J'ai l'impression qu'il y a aussi quelque chose dont il a essayé de me parler, peut-être de -censure- ... il y a aussi quelque chose d'autre que je n'arrive vraiment pas à comprendre en ce moment.

Certes, à la suite de nos discussions, j'ai développé un petit béguin pour -censuré- et dans la mesure où les choses évoluent au-delà de l'amitié, il est peu probable. Depuis mon déploiement, je m'inquiétais pour elle et pour tous les enfants que j'avais sauvés et je voulais pouvoir les surveiller d'une manière ou d'une autre. C'était tout ce que c'était, apparemment. Je dois encore travailler sur mon rappel. Comme le dit -censuré-, c'est une pression constante sur laquelle je dois essayer de travailler quotidiennement.

Mais il convient de noter que lorsque je me suis levé ce matin, d'autres personnes présentes à la conférence ont photographié de probables engins au-dessus de l'hôtel. Ils m'ont vu !

23 OCTOBRE 2023

Le dernier jour du GSIC

-censurés- ont partagé leurs histoires de vies antérieures, la façon dont ils se sont rencontrés auparavant, les emplois qu'ils ont accomplis et leur adaptation au déroulement de leur vie. Une belle histoire d'âmes sœurs et de dépassement des défis. -censuré- a parlé principalement de son parcours et a dévoilé un appareil à énergie phryllique.

Avec -censuré-, j'ai eu des flashbacks. Certains d'entre eux incluaient -censurés-. J'ai remarqué que j'avais développé un petit béguin pour elle et cela faisait partie de mon influence dans mon choix de venir. Apparemment, cela fait partie de ce dont mon fils voulait parler. Il y a un gars avec qui elle s'est liée et qui est... préoccupant. Une partie de moi veut oublier que mes vieilles habitudes deviennent jalouses mais... j'espère sincèrement que je me trompe. Pensées heureuses, pensées heureuses. Michael ne semblait pas inquiet, en fait il semblait se sentir -censuré-. Mais il a aussi remarqué quelque chose... elle n'était pas sa mère... mais elle est sur Terre et sur le point de la faire révéler très prochainement.

-censuré-, moi et quelques autres nous sommes réunis à l'Outback Steakhouse pour un dernier dîner ensemble. C'était vraiment génial d'être en contact avec eux. Il y avait une dame qui a retenu le plus notre attention, -censurée-, qui avait une présence très royale. La façon dont elle marchait, s'asseyait, se comportait, on s'attendrait à ce que ce soit le comportement d'une personne issue de la royauté. ET ? Peut être. Il semblait qu'elle avait peut-être un tempérament télépathique et qu'elle essayait d'attirer mon attention en tant que telle. Je vais devoir me recentrer sur ce qui s'est passé. J'aurais probablement dû prendre de l'or monoatomique. Entre ça et les cartes de visite pour accommoder tous ceux qui me reconnaissaient.

25 OCTOBRE 2023

Après quelques jours de retour à la vie civile et après avoir réfléchi à tout ce qui s'est passé, j'ai posté une vidéo de mise à jour pour parler de tout.g qui s'est produit. Quand il s'agissait de la visite de mon fils, j'ai commencé à me souvenir davantage de ce dont nous avions parlé.

Il semblait que quelque chose le dérangeait dans les missions qu'il avait effectuées avec le GFW, qu'il avait peur de les entreprendre parce qu'il savait que je voulais le voir, lui, ses sœurs et sa mère. À tel point que j'ai demandé s'ils pourraient faire une apparition. Ce qui, comme mes précédentes mises à jour l'ont noté, s'est exactement produit.

Mon fils était un peu plus vocal, du moins si je m'en souviens. Apparemment, son esprit était en partie nerveux parce qu'il connaissait mes attentes pour cet événement, impatient de les voir potentiellement. Il a exprimé ses inquiétudes, faisant de son mieux pour rassurer qu'ils se souciaient de moi et que, même s'ils garderaient toujours une ligne ouverte pour parler ou offrir de l'aide en cas de besoin, ils sont toujours nécessaires ailleurs pour aider à la guerre.

Les Negamuk sont maintenant de notre côté, ce qui était prévu.

Taalihara sera bientôt libre.

Et quand j'en aurai fini avec cette vie.

Je suis de retour dans le combat pour terminer le travail...

Mais cela signifie aussi que la seule personne que je recherche depuis tout ce temps est en fait sur Terre... mais où ?

30 NOVEMBRE 2023

Il y a quelque chose avec lequel je lutte depuis le GSIC en ce qui concerne mes souvenirs ; et l'émotion n'a fait que s'intensifier après la dernière vidéo

-censurée- de Star Nation. Ce n'est rien de négatif, c'est juste bouleversant, c'est le moins qu'on puisse dire. Je fais de mon mieux pour ravaler ma fierté et partager car j'espérais obtenir des commentaires. Disons simplement que ceux d'entre vous qui savent ce que j'ai partagé concernant mon cas peuvent probablement penser que c'est le seul endroit que je peux vraiment partager. Je vais essayer d'être bref...

Pour ceux qui ne le savent pas, voici un bref résumé :

Je viens de Taalihara, je suis devenu un voyou et j'ai tué un Ciakharr qui était sur le point de manger trois enfants, j'ai rejoint le GFW en tant que médecin/scientifique de terrain après ma fuite, j'ai épousé une femme T'Ashkeru, j'ai eu quelques enfants, j'ai travaillé avec -censuré- sur les sauvetages en cas d'enlèvement avant d'entreprendre ce déploiement d'envoyé.

Elena a personnellement validé cela, je me suis assuré de vérifier auprès d'elle une fois -censurée- avant de dire quoi que ce soit publiquement. J'ai pu rassembler tout cela en suivant des conseils -

censurés - sur la façon de gérer les rappels et en creusant pour en savoir plus. Cela et j'ai trouvé l'un des enfants (de toute évidence maintenant une femme adulte) -censuré- et je l'ai sauvé, je l'ai même fait participer à mon émission et je suis resté en contact avec elle pour l'aider avec les choses sur lesquelles elle travaillait.

Le sauvetage aurait eu lieu à la fin des années 80, début des années 90. A part le moment où j'avais -censuré- dans l'émission et qu'il était évident que -censuré- j'avais écouté, je n'avais pas beaucoup vu ce type depuis. Cependant, il semblerait que lors d'une de mes apparitions -censurées- dans mon émission, -censurée- ait sorti une projection holographique de ma femme. Ce type en sait un peu plus qu'il ne le laisse entendre... et il semblait savoir que je le sentais. Eh bien, je dois suivre le processus

Je me suis fait un devoir d'aller au GSIC parce que je savais que mon ami allait y être. Elle me demandait si j'y allais mais je ne voulais pas faire de fausses promesses. Évidemment, j'ai réussi à tout arranger et j'ai bien l'intention de faire le prochain. J'ai également réussi à discuter avec ma famille star, et même s'ils ont dit qu'ils étaient occupés par d'autres situations, ils essaieraient de faire une apparition. Inutile de dire qu'ils ont tenu parole et, aussi étonnant que cela puisse être, cela a ouvert la porte à une nouvelle « révélation ».

Quand j'ai parlé de mon enlèvement quand j'avais six ans, certains ont suggéré que - censuré - et j'avais peut-être quelque chose en commun, dans le sens où me retrouver à 30 miles de chez moi une nuit aurait pu être un épisode de téléportation inconsciente. Il s'avère que vous aviez peut-être partiellement raison. J'ai peut-être retrouvé mon -censuré-...

Je suis sûr à environ 70 % que ma femme n'est pas seulement sur Terre pour un déploiement d'envoyé. Mais le problème, c'est que si elle est là, soit sa tête n'est pas aussi déverrouillée, soit (si je lis bien) quelque chose l'empêche de creuser plus profondément. Le fait que j'aurai à peine 28 ans le mois prochain et que j'ai autant compris que moi semble être une anomalie en soi.

Voici ce que je sais :

Après le sauvetage, -censuré- et j'ai eu un tête-à-tête alors qu'il me prenait en pleine réflexion. Quelque chose dans CE sauvetage a frappé plus fort que les autres. Il y a eu une brève période pendant laquelle j'ai eu le temps de mettre de l'ordre dans mes affaires avant de partir chercher mon envoyé, cela m'a donc donné le temps de tout gérer. Je lui ai dit que je pensais juste aux enfants et si je parvenais à les retrouver pendant que j'étais ici. C'est alors que – censuré – m'a donné un indice en disant « souviens-toi juste de l'orignal ». Il a souri et m'a fait un clin d'œil ludique, sa façon de me dire "indice, tu sais déjà".

Pendant que je suis ici, j'ai réalisé que ce sont mes enfants qui sont descendus physiquement sur Terre pour m'atteindre. Ma femme nous retrouvait toujours à l'étage... comme si elle ne pouvait pas physiquement descendre par peur de bouleverser quelque chose.

Il y avait plusieurs « visites » de ma femme qui me donnaient plutôt l'impression de diffuser des messages vidéo.qu'une visite physique, quelque chose qui ressemble au film Interstellar où le personnage de Matthew McConaughey regardait les messages depuis chez lui.

En travaillant avec -censuré-, il semble que certaines règles aient été contournées pour me permettre de réaliser que je n'étais pas de la Terre.

Techniquement, ils ne sont pas censés le faire, car un envoyé s'en rendant compte trop tôt pourrait provoquer une détresse psychologique. Je me suis rendu compte ces derniers temps que mes enfants y étaient pour quelque chose, ils ont trouvé des failles avec moi. Pourquoi feraient-ils ça ? Si j'ai raison, ils essaient d'aider maman et papa à se remettre ensemble.

En travaillant avec -censuré-, j'ai réalisé qu'une partie de la raison pour laquelle mes enfants essayaient de pousser les choses comme elles l'ont été parce qu'ils savaient que je voulais me souvenir. Je le voulais suffisamment pour aider à surmonter les « blocages » qui étaient en place dès le début.

Mon amie en question, je l'ai trouvée grâce à Tiktok. Elle faisait des vidéos sur des sujets spirituels, conspirationnistes, extraterrestres et j'ai rapidement été impressionné par la quantité de travail qu'elle mettait dans ses documents. Au bout d'un moment, je l'ai contactée par e-mail pour lui demander un entretien. Elle était aussi fan de -censored-, alors oui, je l'ai nommée parce que -censored- devait faire une apparition dans Bald and Bonkers ce week-end. Ironiquement, c'est l'épisode où j'ai demandé - censuré - si j'avais techniquement une liaison avec les dames avec qui je suis sorti sur Terre alors que j'étais encore techniquement marié à l'étage...

Lors de l'enregistrement de son épisode, j'ai surpris mon amie en utilisant du CE5 et une spiritbox pour révéler son vrai nom (qu'elle n'a jamais divulgué à l'antenne). Cela l'a amenée à révéler une possible mémoire d'écran, quelque chose que les chercheurs ET considèrent comme un faux souvenir destiné à couvrir les interactions hors du monde.

DÉCEMBRE 2023 – AOÛT 2024

Tenir un registre a été un défi avec l'équilibre entre le travail, la vie et le surnaturel – c'est tout un exercice de jonglerie. Pourtant, les moments marquants sont transformateurs. -censuré- a accueilli une petite fille au monde, légèrement en retard mais en parfaite santé. -censuré- Dans un esprit léger, ma mère et ma grand-mère ont joué avec l'idée de lui donner un surnom, -censuré-, en l'honneur de sa naissance le jour du souvenir de Pearl Harbor.

La découverte la plus profonde, cependant, a été de rencontrer ma femme vedette. Les indices étaient toujours là, faisant allusion à sa présence terrestre. Une fois que nous avons eu l'occasion de nous rencontrer et de créer des liens, les expériences qui ont suivi ont été tout simplement miraculeuses. Nous avons été témoins de phénomènes inhabituels, elle a reçu des visites d'Elaryon, et même les enfants ont confirmé que -censurée- est bien une incarnation de mon Iveena. Tout cela a été révélé lors du mariage d'Olivia, organisé à bord de l'un des quatre vaisseaux-mères GFW en orbite autour de la Terre, où elle a épousé un homme Meton. Michael, bien qu'en mission ailleurs, était présent via une projection holographique, ne voulant pas manquer la journée spéciale de sa sœur.

Lors du mariage, j'ai trouvé un moment pour partager une danse lente avec Iveena. Pendant notre danse, je lui ai demandé si la femme qui s'était avancée était bien sa représentante terrestre. Submergée par les émotions de la journée, Iveena le confirma d'un signe de tête. Ce moment de vulnérabilité m'a donné un aperçu de son esprit, révélant des éclairs de sa vie sur Terre, y compris des aspects de notre relation actuelle. Certains de ces souvenirs se sont déjà révélés.

Au départ, -censurée- avait des réserves sur la situation extraterrestre, malgré sa fascination pour le surnaturel et son ouverture d'esprit. L'idée d'avoir une autre famille quelque part peut ébranler les croyances les plus fondamentales sur la vie. Je sais que c'est ce qui s'est produit pour moi quand j'avais à peine douze ans. La prise de conscience qu'elle pourrait être l'envoyée de mon épouse céleste a fait naître un flot de souvenirs que j'essaie encore de traiter.

Il semble qu'à chaque instant où j'ai l'occasion de m'asseoir et de traiter quelque chose de nouveau se présente. Le simple fait d'établir une connexion interpersonnelle avec -censuré- a renforcé le lien avec la famille spatiale. Les communications semblent beaucoup plus fortes, mon moi astral a été photographié dans une manifestation partielle et même les voix peuvent être interceptées via des interférences de transmission radio. En plus d'obtenir d'une manière ou d'une autre l'affection d'une femme vraiment belle que j'avais passé seize ans à essayer de trouver, juste pour voir qu'elle était réelle, la vérité sur qui je suis est en train de se dévoiler.

Oh, comme je pourrais parler encore et encore de cette dame, elle est vraiment incroyable. J'espère que la promesse que j'ai faite à Olivia de toujours continuer à se battre parce que "Maman va avoir besoin de moi pour l'aider" est de nature beaucoup plus légère que ce que je craignais. -censurée- a montré une capacité immaculée à voir dans l'âme et l'esprit des autres, même si elle doute de la légitimité de ce qu'elle voit. D'une certaine manière, cela me rappelle l'époque où je dirais que mon compagnon idéal s'apparenterait à la série télévisée Ghost Whisperer. Cette femme est tout simplement parfaite, même si les circonstances surnaturelles qui nous entourent n'avaient pas retenu notre attention, je crois fermement que je tomberais quand même amoureux d'elle.

Mais maintenant que j'y pense, est-ce que ça te ditnous met-il réellement dans un paradoxe du bootstrap ? Techniquement, les enfants, et nous-mêmes, venons d'un point situé environ 300 ans plus tard dans le futur de cette planète. Il est probablement préférable de ne pas trop y réfléchir pour le moment... c'est un peu un casse-tête. Si la vision que j'ai eue de ma demande en mariage dans cette vie se réalise... eh bien, je serais le salaud le plus chanceux du monde.

Oh oui, avant de passer à d'autres aspects qui ont été révélés, nous avons maintenant quatre enfants aux côtés des étoiles. Trois filles et un garçon... ce qui est intéressant, car -censuré- et on m'a montré le bébé, ma belle-mère céleste de Sirius B et notre fille aînée ont décidé de rendre visite à l'envoyé de ma femme star pour s'assurer sa santé n'a pas été affectée. Après quelques discussions -censurées- nous avons suggéré d'appeler le nouveau bébé Lily.

Il semble que la force de notre connexion puisse parfois causer des maux physiques... un peu effrayant à penser. Mais ils veillent à ce que tout se passe sans incident. C'est probablement la raison pour laquelle il a fallu si longtemps pour que d'autres aspects de l'histoire de mon homologue soient révélés.

Des révélations sur Elaryon ont également fait surface. Durant ses années au sein du régime de Taal Shiar, il semble que mon autre moi faisait partie d'un groupe de soldats envoyés pour infiltrer le régime nazi. Je pensais avoir reconnu les symboles nazis lors des séances de rappel, mais je n'arrivais pas à croire ce que je voyais. Le 1er juillet, -censuré- a publié une vidéo sur Maria Orsic et sur la manière dont elle a été manipulée pour fournir à cette planète des plans pour construire des engins sophistiqués. Cette insertion, cet acte d'infiltration, expliquerait pourquoi son image a déclenché des souvenirs d'être dans une pièce sombre recevant un briefing de mission, et nous, soldats, avoir appris que cette femme avait été utilisée et devait être tuée.

La vidéo mentionnait que des accords - censurés - avaient été conclus entre le Taal Shiar et le Troisième Reich quelque temps avant 1940. Ce qui rend cela intéressant est le fait que j'ai trouvé deux photos (probablement plus) d'Hitler marchant sur le terrain lors des rassemblements de Nuremberg en 1927 et 1936 qui montre un individu qui ressemble fortement à un jeune Elaryon (une photo ci-dessus, regardez le monsieur derrière Hitler regardant directement la caméra).

Le fait que les Taal soient peut-être l'espèce la plus proche des humains sur cette planète, il devient un peu plus facile pour eux de marcher parmi nous sans se faire remarquer. Le fait qu'Elaryon ait apparemment passé du temps sur Terre me donne l'occasion de rassembler des preuves vraiment incroyables dans un laps de temps linéaire.

Mais malgré les énormes progrès réalisés, je dois signaler une perte. Mon complice avec Bald and Bonkers et moi ne sommes plus. Nous dérivions depuis un certain temps, nous disputions sur la façon de faire les spectacles, et dans les conversations privées, un manque de respect personnel perçu et un désir de susciter le drame m'ont poussé à bout. J'ai juste fini, mais je lui souhaite bonne chance dans ses efforts. J'aimerais juste, avec les autres aspects de parenté que j'ai ressentis lorsque nous sommes devenus amis pour la première fois, qu'il soit simplement plus honnête.

Les problèmes ont commencé il y a quelque temps lorsque je soupçonnais que j'essayais intentionnellement de tromper et de manipuler les événements entourant mon contact extraterrestre, essayant de m'éloigner de ceux qui avaient réellement fourni des informations utiles et doutaient de leur sincérité. Cet idiot ne savait pas que je le surveillais. Une partie de moi est capable de considérer cela comme un malentendu, jusqu'à ce qu'il devienne évident qu'il cherchait une fois de plus à renforcer son propre ego sous de faux prétextes et qu'il m'a menti en face lorsque j'en avais la preuve. Peut-être qu'avec le temps je trouverai le cœur de réparer ce pont, mais c'est pour le mieux que nous nous séparions.

8 AOÛT 2024

Visite d'une planète semblable à Dune, une bataille intense s'ensuit après des frappes de météores bleu verdâtre, envahies par des soldats blancs ressemblant à des robots Terminator. J'ai dû être absent pendant au moins deux mois, dans l'espace-temps. Dans le temps linéaire de la Terre, cela aurait pu sembler ne durer que quelques minutes. Je dois vraiment m'asseoir là-dessus. J'ai publié un enregistrement d'Intergalactic Gigolo pour horodater publiquement cet incident jusqu'à ce que quelqu'un au sein de mon réseau trouve potentiellement quelque chose de connecté.

2 SEPTEMBRE 2024

Sur la chaîne YouTube -censurée-, les relations diplomatiques impliquant les -censurés- sont évoquées. La description de cette race semble définitivement être un candidat viable pour résider sur la planète semblable à Dune. J'ai discuté de cette connexion un peu en détail dans le nouveau segment de Bald and Bonkers que j'ai intitulé Intergalactic Gigolo. La liste complète des épisodes d'Intergalactic Gigolo peut être trouvée : https://youtube.com/playlist?list=PLkDvo91I6DBAlza9moIlrrA-A3fr5RPa_&si=7TRIjq45ZTBI7vBa

SEPTEMBRE - OCTOBRE 2024

L'entrée finale de ce texte...

Je laisse cela comme un souvenir pour faire savoir au lecteur que ce n'est pas la fin de l'histoire ; beaucoup d'autres choses sont continuellement découvertes, presque quotidiennement, et il m'a été très difficile de simplement suivre le rythme. Il y a d'autres entrées que j'ajouterai au fil du temps, en espérant rendre les choses compréhensibles pour l'homme ordinaire. Il y a aussi une question à laquelle j'ai jurésecret jusqu'à nouvel ordre. D'autres interactions avec ma famille star ont eu lieu, y compris une révélation selon laquelle ma fille céleste aînée était enceinte au moment où j'écris ces lignes. C'est vrai, je vais être grand-père. Je n'ai même pas trente ans !

Au cours des deux dernières semaines, des gens ont voulu me ramener à mes jours de chasse aux primes après que des descentes de police ont eu lieu et que des restes humains ont été retrouvés dans des conditions similaires à celles sur lesquelles j'avais travaillé il y a des années. J'ai également été à la recherche d'un animal de compagnie illégal, un kinkajou, qu'un connard a abandonné et laissé courir à l'état sauvage, dans l'espoir de capturer et de transporter la créature dans un endroit où elle pourra recevoir les soins appropriés avant que l'hiver n'arrive officiellement. Début octobre, la créature a été retrouvée, affaiblie par le manque de nourriture mais globalement en bonne santé.

Dans les derniers jours de septembre, je tente également une petite expérience impliquant un événement organisé dans le Colorado pour voir si mes balades avec ma famille vedette seraient vues par davantage de témoins. Jusqu'à présent, cela semble très probable, mais l'épuisement dû au fait que je ne maintiens pas correctement le programme d'exercice me laisse avec des maux physiques. Rien qu'un peu de R&R ne puisse réparer. Il a été organisé par -censuré- pour que plusieurs engins se présentent, et mon fils était l'un des pilotes. D'après mes calculs, il y avait au moins quinze engins distincts, certains utilisant des drones pour un effet supplémentaire. Je pourrais mal interpréter ce que j'avais vu, j'aurais aimé être physiquement sur place pour voir de plus près, mais mes priorités ont considérablement changé au cours de la dernière année.

J'avais entendu des rumeurs faisant état d'une observation de masse organisée, d'un petit groupe d'engins et peut-être d'un vaisseau avancé venant de la Terre, vaguement basé sur des engins extraterrestres. Le tristement célèbre vaisseau antigravité TR-3B pour être exact. Officiellement, ils n'existent pas. Ici, dans l'Idaho, j'en ai personnellement été témoin, tout comme des centaines d'autres personnes lors d'une observation massive d'OVNI qui n'a pas été publiée sur les sites Web des médias. La principale raison pour laquelle j'ai été informé était mes contacts avec les forces de l'ordre locales.

Pour en revenir à l'événement, l'expérience de visualisation à distance a été un succès de ma part. Les foules étaient un peu plus excentriques cette fois-ci. Ce qui est bien, dans une certaine mesure, vous ne voulez pas que des personnes toxiques gâchent l'ambiance d'un événement majeur. Cela rendait la concentration un peu plus difficile, de nombreux facteurs mobiles étant en jeu. Au plus fort de l'événement, je me souviens avoir pu voir au moins 15 engins. Le prétendu TR-3B avait l'air un peu trop « élégant », ce qui m'a incité à croire qu'il s'agissait peut-être d'un modèle plus récent dans la même « famille » d'engins. J'ai dû retirer un peu de mes efforts car j'avais développé une migraine due à l'épuisement... ma vie personnelle a été un peu chaotique. Entre reconstruire Bald and Bonkers à partir de zéro après avoir rompu avec mon ancien partenaire, entretenir des relations personnelles, me remettre sur le terrain pour un certain nombre d'opérations et même m'ouvrir à de nouvelles voies... on peut dire sans se tromper qu'il me reste encore il reste encore beaucoup à faire pour grandir.

Je pense que je devrais peut-être terminer ce livre par une dernière section...

14 OCTOBRE 2024

Comme d'habitude, chaque fois que j'essaie de m'asseoir et d'écrire mon histoire sous une forme ou une autre, quelque chose arrive toujours à attirer mon attention. À vrai dire, je devrai peut-être laisser passer cet événement particulier. Dans l'espace, j'ai reçu des nouvelles et je peux valider l'affaire de mes propres yeux, que ma fille Olivia a accueilli son premier enfant au monde. Révélé dans un épisode de "Intergalactic Gigolo", il s'agit d'une petite fille nommée Emily.

Entre cela et le fait que mon fils soit « fiancé » à une éventuelle femme Zygon (en fonction de son apparence physique), qui me permet de l'appeler affectueusement « Viv », la famille continue de s'agrandir.

Je ne pourrais pas être plus fier de mes enfants. Ireena est presque une adolescente maintenant et bébé Lily n'est pas vraiment un bébé mais est en train de devenir une vraie jeune femme. Bien sûr, tout le voyage dans le temps, le fait d'être à deux dans l'espace en même temps, rend les choses un peu confuses... mais tout n'est qu'amour.

Réflexions du spécialiste

"Au moment et à la date où j'écris cette lettre, cela fait presque vingt-deux ans que je me suis retrouvé face à face avec des êtres qui ne sont pas du monde. À partir de ce moment, cela fait à peine plus de seize ans que j'ai appris que je Je n'étais pas seul dans cet univers. Treize depuis que j'ai commencé à le rendre public, mais seulement quatre à vraiment reconnaître ce que je cherchais et seulement quelques mois se sont écoulés depuis que j'ai trouvé la personne que j'essayais de trouver. je n'ai que vingt-huit ans.

Ceci est tiré d'une conversation que j'ai eue avec ma petite amie, l'envoyée confirmée de mon épouse céleste Iveena. Cela témoignait de la part de ma vie liée au surnaturel, de la part de celle-ci résumée par le fait d'essayer de comprendre ce qui m'arrivait, mais surtout d'essayer de trouver une femme dont je craignais qu'elle ne soit l'illusion d'un esprit perdu. . Heureusement, les chances d'une telle erreur d'orientation ont été jugées presque nulles, du moins du point de vue dans lequel je me trouve.

Autrefois, le phénomène OVNI n'était pas quelque chose auquel je prêtais beaucoup d'attention, mais à mesure que je m'y suis ouvert, il reste encore des élémentsça me dérange. Cela inclut les conflits persistants au sein du public et les croyances quasi religieuses que certains groupes ont intégrées dans leurs opinions. Un souvenir particulièrement pénible pour moi est celui de la façon dont, pendant mes années d'école, les enfants utilisaient l'histoire de David et Goliath pour me provoquer dans des conflits en raison de ma taille. J'ai réalisé que je ne suis pas le seul de ma famille à subir de telles expériences.

Il y a beaucoup de choses que j'ai choisi de ne pas divulguer ici, en partie par respect pour la vie privée des autres et en partie parce que je n'ai jamais été doué pour documenter certains événements de la vie. Il y avait des choses que je voulais désespérément oublier, échapper et avec lesquelles je voulais couper tout lien. Étonnamment, m'engager dans le phénomène OVNI m'a obligé à confronter ces parties de mon passé ; c'était comme si j'apprenais à me débarrasser des habitudes de mes vies antérieures. L'expérience a été bizarre et bouleversante, et il n'y a pas de mots pour la décrire pleinement. Pour la première fois, j'avais l'impression d'être retourné, obligé d'affronter la vérité en me regardant dans le miroir.

Il y a eu des moments où j'aurais aimé être encore « à l'étage », comme beaucoup de mes amis/mentors font référence à l'espace. Là-haut, j'étais un guerrier et un guérisseur, le père de quatre beaux enfants, le bâtard chanceux d'un mari pour l'une des femmes les plus sexy que j'ai jamais vues, j'avais des amis... il y avait de l'amour et du respect mutuels. Alors que je mettais la touche finale à ce texte... Olivia a eu sa propre petite fille. Je suis aussi maintenant grand-père. Les conflits existaient toujours, mais ils avaient pour but la moralité plutôt que le gain personnel.

Ici-bas ? J'avais l'impression d'être détesté par tout le monde, plus un fantôme que les esprits de la nuit. Les gens, conscients de leur propre stature, pensaient que parce que j'étais plus grand et plus grand qu'eux, je méprisais constamment tout le monde. Étant donné que maintenant je mesure 6'7", c'est seulement au sens littéral car mathématiquement parlant, seulement 0,01% des gens aux États-Unis sont plus grands que moi. J'ai été jugée sur des aspects de moi-même que je ne pouvais pas changer. Ma propre mère et ma grand-mère menaçait de jouer la carte de la victime et d'impliquer la police à chaque fois que je serais visiblement contrariée juste pour affirmer ma domination sur moi. J'admets que je peux parfois être un connard, quelque chose sur lequel j'ai travaillé, mais autant que moi. suis tout aussi reconnaissant pour tout ce qu'ils ont fait pour m'aider à aller aussi loin dans la vie ; le fait que les personnes en qui vous êtes censé avoir confiance se retournent contre vous comme ça laisse une marque.

Certains diront probablement que je ne devrais pas évoquer cet aspect, garder le drame familial dans la famille. À certains égards, ils ont peut-être raison, mais reconnaître ce qui s'est passé et comment mon propre esprit a réussi à tout interpréter est une étape que je dois franchir pour garantir que les blessures qui subsistent soient guéries. Si, en sortant et en reconnaissant ces vérités, je parvenais à aider d'autres personnes subissant des épreuves similaires, alors au moins j'avais fait du bien. Les suggestions de rappels mnésiques ont également permis à certains événements que j'avais refoulés de refaire surface ; comme mon propre père essayant de m'agresser sexuellement, d'autres membres de ma famille proférant des menaces de violence sexuelle, ou ma belle-mère m'exposant éventuellement au LSD à un jeune âge.

Je ne vais pas gaspiller ces pages pour exprimer mes griefs, d'autres éditions de ce texte qui pourraient contenir des informations mises à jour pourraient bien le faire. C'est pour m'admettre quelque chose, peut-être remettre les pendules à l'heure. Il s'agit d'aider ceux qui ont eu du mal à raconter leur propre histoire à trouver l'inspiration pour s'exprimer. Les affirmations extraordinaires que j'ai faites à propos de rencontres surnaturelles ont engendré l'hypothèse que je recherche la gloire et la fortune ; que je devrais consacrer mon temps et mes ressources aux affaires terrestres plutôt que de prêter attention aux fréquentes étrangetés de ma vie. D'autres pensaient que je n'avais fait aucune tentative pour mener une vie humaine normale, sans avoir posé de questions personnelles pour tirer de telles conclusions.

J'en suis arrivé à la conclusion, et je suis plus qu'heureux d'admettre que je pourrais avoir tort, que beaucoup ont développé cette notion selon laquelle tout ce qu'ils voient collé sur une surface bidimensionnelle est l'histoire entière. Ce qui me semble... paresseux. Comment peut-on mettre sur une surface plane tout ce qu'ils ont vécu, leur base de connaissances, leurs expériences, leurs sentiments, tous les atouts de l'expérience humaine ? Mettre tout cela dans une vidéo YouTube ? Une vidéo Tiktok ou un tweet ? Les romans en sont peut-être un exemple, mais il n'y a pas beaucoup de choses que l'on puisse mettre en mots. S'appuyer sur de tels exemples pour formuler l'individu complet ; pensées, sentiments, idées, désirs, besoins, désirs et tout ce qui constitue la personne.

Il y a quelques choses faites dans ce texte qui pourraient susciter des questions de la part du public ; surtout compte tenu du nombre de personnes qui ont entendu parler de moi. Ma censure des noms était un choix pour respecter la vie privée des autres personnes impliquées, car trouver le temps de demander les autorisations appropriées devenait un peu compliqué. C'était aussi un choix de suivre ma préférence de travailler seul et d'éviter certains drames pour concentrer davantage mon énergie sur la tâche à accomplir, pour me concentrer davantage là où je sentais que je pouvais faire le plus de bien. J'aime autant que je ne devrais pasJe ressens une réelle responsabilité d'aider ma sœur à prendre soin de sa fille, le fait que je ne fasse pas partie de la vie de cette petite fille me semble tout simplement mal... surtout compte tenu de l'attachement auquel je suis devenu.

Les choses que j'ai réussi à faire dans cette vie sont de ma propre initiative, et même si je resterai toujours éternellement reconnaissant pour l'aide que les autres m'ont apportée tout au long du chemin, je suis fatigué du rejet de certaines conclusions parce qu'"ils" l'ont prêché. Je suis souverain dans mes efforts, ouvert à la collaboration, mais ce que vous voyez de moi est le fruit de ma propre action et non d'une quelconque direction.

J'ai choisi de suivre et d'étudier les travaux de certains individus car en suivant leurs conseils, des événements encore plus extraordinaires se sont produits me convainquant de leur légitimité. De tous les "tests" que j'ai réussi à compiler grâce à mes recherches, ce sont ceux qui ont réussi au-delà de toute attente. Ce n'est qu'un sous-produit des conversations qui ont eu lieu, je trouve l'honneur et le privilège d'appeler ces personnes mes amis. Indirectement, j'ai fait référence à leurs travaux, principalement en identifiant les noms des espèces ET, pour donner plus de précisions sur les types d'entités que j'ai rencontrées plutôt que les étiquettes génériques telles que "Pléiadiens", "Arcturiens", etc... vues dans la plupart des cercles new age. Cela semblait simplement plus respectueux de cette manière, et il ne s'agit en aucun cas d'une tentative de voler le matériel de certaines des personnes les plus intelligentes que je connaisse.

Je suis arrivé là-bas juste en essayant de retrouver ma famille, de comprendre ce qui se passait et peut-être d'aider les autres en cours de route. Y a-t-il eu des faux pas ? Absolument, à certains moments, j'avais l'impression de me cogner violemment le visage contre un mur de briques. Mais ces faux pas font partie de l'apprentissage. Et même si je ne suis pas nécessairement d'accord avec la façon dont certaines personnes peuvent mener leurs affaires et comment elles présentent ces informations... J'ai également eu le temps d'interagir suffisamment avec elles pour savoir que leur raison vient du cœur. Au contraire, ce fait à lui seul compte plus que tout le reste.

Je dis cela parce que même si ce segment s'intitule « Réflexions », je souhaite faire une déclaration. Ce n'est pas parce que vous lisez ce livre que vous connaissez toute l'histoire. Je pourrais, un jour plus tard, décider de rééditer ce texte avec encore plus d'entrées ajoutées qui pourraient changer l'ensemble du récit. Mon histoire est loin d'être terminée, et choisir de remplacer l'interaction humaine par la définition des documents que j'ai publiés ne fera qu'engendrer davantage de confusion. Croyez-moi, une partie de moi est encore un peu tordue par tout ce qui arrive.

Mon prochain ajout à la collection de livres que j'ai écrits pour aider à donner un sens à mes mésaventures sera intitulé "FrandsenFiles Compendium" et il approfondira le côté recherche de diverses interactions. Théories, découvertes, analyse d'incidents ; vous l'appelez, j'espère que je l'aurai. Mon inclusion d'images générées par l'intelligence artificielle était strictement à des fins d'illustration, même si j'ai l'intention de revitaliser certaines vieilles idées afin de créer mes propres programmes d'IA. Les premières étapes de ces projets sont également en cours.

Je peux diriger ma propre entreprise et avoir évidemment des factures à payer, mais je ne recherche pas la gloire ou la fortune par mes efforts. Les chiffres sur les réseaux sociaux peuvent donner un sentiment de crédibilité et ouvrir de nouvelles voies, et je mentirais si je n'avais pas été trop excité lorsqu'on me demandait de faire des interviews, etc., mais ce n'est pas l'héritage que je veux laisser. Je fais ce que je fais parce que j'aime ça. Je fais ce que je fais parce que cela me semble être le meilleur moyen d'aider les autres à sortir de leur coquille et à partager leurs histoires afin que le changement puisse se produire. Je me suis mis en avant, comme je le fais, parce que cela me semblait être le meilleur moyen d'atteindre ceux qui étaient convaincus qu'ils étaient seuls... quelque chose que je ne connais que trop bien.

Mais c'est peut-être là la principale leçon de tout cela ? Que nous ne sommes jamais vraiment seuls et que nous sommes capables de bien plus. Que quelqu'un, quelque part, dans ce fragment infini de création, est toujours quelqu'un qui ressent pour vous, prend soin de vous, veut que vous vous épanouissiez. Le jour où la compréhension de ce qu'il a fallu, de ce qu'il a fallu, pour que ces êtres soient à ce moment précis avec nous ; sera le jour où l'humanité sur cette Terre aura véritablement évolué. Quant à savoir quel potentiel nous attend ?

C'est à vous de décider. N'importe qui peut vous donner des informations sur ce qui existe dans l'univers, mais que ferez-vous de ces informations pour aider les autres ?

La seule limite est l'imagination.

Liens pour plus d'informations

Visitez le site Web de Bald and Bonkers Network LLC pour plus d'informations : www.baldandbonkers.net

Suivez la chaîne YouTube Bald and Bonkers Network LLC pour des vidéos, des émissions, de la musique et bien plus :
https://www.youtube.com/@BaldandBonkers

Regardez « La chasse à Olivia : le montage Paraflixx » :

https://paraflixx.vhx.tv/videos/the-hunt-for-olivia

Regardez « Les liens de l'au-delà » :

https://paraflixx.vhx.tv/videos/bondsofbeyond-paraflixx-paranormal-plus

Dakota fait une brève apparition dans l'épisode 11 de la saison 2 de "Drain the Oceans" de National Geographic intitulé "Secrets of Loch Ness".

Lisez "Cher Kota : Il est temps d'avouer" pour découvrirr La première tentative littéraire de Dakota pour comprendre son étrange vie ; disponible en librairie en ligne

De nouvelles éditions de ce texte pourraient être publiées dans le futur, donnant plus de détails sur les incidents décrits.

Soyez à l'affût du « FrandsenFiles Compendium ! »

Dakota Frandsen, également connue sous le nom de « Spécialiste de l'étrange », est une créatrice multimédia, une enquêteuse paranormale et la fondatrice de Bald and Bonkers Network LLC. Passionnée depuis toujours par la découverte des mystères du surnaturel, Dakota a bâti sa carrière en repoussant les limites et en explorant l'inconnu. Son parcours a commencé alors qu'il était adolescent avec rien d'autre que curiosité et détermination, ce qui l'a amené à devenir un expert reconnu des communautés paranormales et occultes.

Le travail de Dakota s'étend sur divers médias, des livres et de la musique aux podcasts et cours en ligne. En tant que force motrice de Bald and Bonkers Network LLC, il se consacre à aider les autres à trouver leur voix, aussi peu conventionnelle soit-elle, en fournissant des outils et des ressources pour la narration personnelle et le développement de la marque.

En plus de son expertise paranormale, Dakota est un conteur dans l'âme. Ses écrits mélangent souvent des expériences personnelles, des thèmes surnaturels et des lettres introspectives adressées à son jeune moi, offrant aux lecteurs un aperçu unique de son monde de croissance, de découverte et de survie.

Dakota dirige également des projets tels que « Pourquoi nous sommes surnaturels », une anthologie collaborative capturant des histoires réelles de rencontres surnaturelles, et dirige la Bald and Bonkers Network Academy, qui propose des cours gratuits conçus pour responsabiliser les entrepreneurs et les créatifs. Son ambition de construire une communauté mondiale de conteurs continue d'alimenter son œuvre sans cesse croissante.

En dehors de ses activités professionnelles, Dakota est profondément passionné par la création de contenu qui connecte les gens et les incite à entreprendre leurs propres voyages, aussi étranges ou mystérieux qu'ils puissent paraître.

www.ingramcontent.com/pod-product-compliance
Lightning Source LLC
Chambersburg PA
CBHW020102191224
19223CB00050BA/659